WILLKOMMEN!

Malcolm Hillier

WILLKOMMEN!

CHRISTIAN VERLAG

Aus dem Englischen übersetzt von Barbara Ehlers
Redaktion: Anja Ashauer-Schupp
Korrektur: Franka Sahland-Blum
Umschlaggestaltung: Horst Bätz
Herstellung: Dieter Lidl
Satz: DTP Josef Fink, Gräfelfing

Die Originalausgabe mit dem Titel *Entertaining* wurde erstmals 1997 im Verlag Dorling Kindersley Limited, London, veröffentlicht

Design: Murdo Culver, assistiert von Pauline Clarke
DTP-Design: Robert Campbell
Fotos: Stephen Hayward
Food-Fotografie: Martin Brigdale
Styling: Helen Trent
Food-Styling: Janice Murfitt, Jane Suthering

EIN DORLING KINDERSLEY BUCH

Druck und Bindung: Butler & Tanner Ltd
Printed in Great Britain

ISBN 3-88472-350-2

HINWEIS

Alle Informationen und Hinweise, die in diesem Buch enthalten sind, wurden vom Autor nach bestem Wissen erarbeitet und von ihm und dem Verlag mit größtmöglicher Sorgfalt überprüft. Unter Berücksichtigung des Produkthaftungsrechts müssen wir allerdings darauf hinweisen, dass inhaltliche Fehler oder Auslassungen nicht völlig auszuschließen sind. Für etwaige fehlerhafte Angaben können Autor, Verlag und Verlagsmitarbeiter keinerlei Verpflichtung und Haftung übernehmen.

Korrekturhinweise sind jederzeit willkommen und werden gerne berücksichtigt.

INHALT

Bedeutung der Symbole im Rezeptteil

Vorbereitungszeit Garzeit
sonstige Zeiten

PARTYTIME

»Iss nie mehr, als du heben kannst« MISS PIGGY, EINE PUPPE

DER ERSTE SCHRITT
Ich liebe die Vorbereitungen fast so sehr wie das eigentliche Ereignis: Auf alle Fälle ist alles Teil der Freude, die die Bewirtung zu Hause machen sollte.

Als ich noch Musik studierte, stellte ich mir oft vor, Gäste zu bewirten. Es erschien mir sehr verlockend, zu Hause einen besonderen Rahmen zu schaffen, in dem Bekannte gemütlich zusammensitzen, erzählen und gemeinsam ein delikates Essen einnehmen konnten. Als mittellose Studenten wetteiferten ein guter Freund und ich darum, wer das preiswerteste, aber glanzvollste Essen geben könne. Im Lauf der Zeit haben wir dabei ständig Fortschritte gemacht.

Ein leichtes Mittagessen für zwei, ein Abendessen für sechs, eine große Mahlzeit für 12 oder ein Buffet für eine große Gruppe: Ich denke immer noch, dass kaum etwas die Freuden übertrifft, die die Bewirtung von Freunden oder Familie bereitet, die Essen, Getränke und eine lebhafte Unterhaltung genießen. Solche Ereignisse zählen zu den Momenten im Leben, auf die man sich erst freut und die man anschließend gerne in Erinnerung behält.

Wir wünschen uns alle, dass das Ereignis, zu dem wir Gastgeber sind, ein Erfolg wird. Auch wenn es Anstrengungen erfordert, eine Einladung so aufzubauen, dass sie glatt und möglichst entspannt vonstatten geht, meine ich, dass der Aufwand fast immer reich belohnt wird. Dabei ist die einfachste Mahlzeit oft ebenso angenehm wie ein fürstliches Mahl.

Am liebsten bewirte ich meine Gäste in der Küche. Zum Glück ist meine Küche im Landhausstil, mit Fenstern zum Garten in der Londoner Innenstadt, groß genug für einen Tisch für 10 Personen und bietet außerdem noch genügend Platz zum Kochen. Das eigentliche Esszimmer ist zu einem Arbeitszimmer geworden. Ich fühle mich nicht mehr von meinen Gästen isoliert, wenn ich das Essen vorbereite, und ich glaube, dass meine Gäste sich ebenfalls wohler fühlen.

Gäste zu bewirten kann eine der großen Freuden des Lebens sein; für mich trifft dies zu. Gute Freunde von mir geben jede Woche eine Dinnerparty in ihrer Küche – häufig für bis zu zwölf Personen. Sie behaupten, das hielte sie jung – sie machen es mit Mitte Achtzig immer noch. Verschicken Sie also Einladungen und bereiten Sie alles vor, damit Sie und Ihre Gäste sich gut unterhalten.

DER ANLASS Gäste zu bewirten gehört zu

EXOTISCHER ABEND

Alle Gerichte sind fein, aber auf interessante Weise abgeschmeckt und ergeben ein ausgeglichenes, exotisches Menü. *Für 6 Personen*

PFEFFRIGE JAKOBSMUSCHELN

Die Jakobsmuscheln mit Pfeffer begleiten zwei farblich unterschiedliche Saucen.

LAMM-TAGINE MIT COUSCOUS

Zartes, junges Lammfleisch gefüllt mit einer Mischung aus Gewürzen, Kräutern und Pflaumen.

KOKOS-SAFRAN-EISCREME

Eine traumhaft cremige Zusammenstellung mit unwiderstehlichem Geschmack und Konsistenz.

GETRÄNKE

Zu den Muscheln macht sich ein australischer Chardonnay mit Eichenfassnote und Butteraroma ausgezeichnet und zur Tagine passt ein komplexer, reichhaltiger, würziger Shiraz aus Australien. Reichen Sie einen gekühlten, süßen weißen Portwein zu der Eiscreme.

HINWEISE FÜR DIE PLANUNG

Die Eiscreme kann bis zu sechs Wochen vor dem Verzehr hergestellt werden. Falls nötig kann die Füllung für das Lammfleisch im Voraus zubereitet werden. Die beiden Saucen für die Jakobsmuscheln lassen sich ebenfalls vorher herstellen und mit Klarsichtfolie abgedeckt im Kühlschrank aufbewahren. Zum Servieren werden sie dann erhitzt.

Rezepte Seite 86–87

IDEALE PARTNER
Achten Sie immer darauf, dass das Essen zum Anlass passt und zusammen mit der gewählten Tischdekoration eindrucksvoll wirkt.

Ob die Entscheidung für eine Einladung nun dem einfachen Wunsch nach einer Feier entspringt oder ob Sie einige Freunde sehen möchten, die Planung des Ereignisses ist in meinen Augen ebenso wichtig wie das Ereignis selbst.

Sind die Gäste der Ausgangspunkt, lautet die Frage: Wie können sie am Besten bewirtet werden? Würden sie ein ausgedehntes Mittagessen, ein elegantes Abendessen oder eine Grillparty vorziehen? Wenn auf der anderen Seite der Anlass selbst der Ausgangspunkt ist, müssen Sie die Gästeliste passend dazu zusammensetzen. Ich versuche immer, die Gruppe so zusammenzustellen, dass die Gäste wenigstens ein gemeinsames Interessengebiet verbindet und außerdem ein gewandter Unterhalter unter den Gästen ist. Bedenken Sie auch: Wie viel Zeit und Geld stehen zur Verfügung? Wie viel Platz haben Sie und fühlen Sie sich in der Bewirtung einer größeren Anzahl Gäste sicher?

Auch Details sind wichtig

Für mich ist es einfacher, eine Party zu organisieren, wenn ich ihr ein Motto gebe: ein vegetarisches Winterabendessen, ein italienisches Buffet oder eine Grillparty im Sommer. Planen Sie das Dekorieren des Tisches sowie die Präsentation des Essens und bedenken Sie dabei, dass Kleinigkeiten dem Ganzen ein vollkommen anderes Gesicht verleihen können.

LÄNDLICHES PICKNICK

GLANZVOLLES FESTESSEN

CHAMPAGNER BUFFET

den besonderen Freuden des Lebens

Die Einladung der Gäste kann meistens formlos telefonisch geschehen: So bekommt man häufig sofort eine Antwort und hat die Möglichkeit, nach Abneigungen gegenüber Lebensmitteln und nach Allergien zu fragen. Schriftliche Einladungen gestalten das Ereignis förmlicher. Denken Sie daran, falls nötig, eine Kleiderordnung mitzuteilen und den Anlass der Einladung, wenn es sich um eine Feier handelt.

Was wird serviert?

Der Schlüssel für ein erfolgreiches Menü ist Ausgewogenheit: Wählen Sie interessante Zutaten und berücksichtigen Sie, wie Aroma, Farbe und Konsistenz miteinander in Beziehung stehen. Beachten Sie, dass die frischesten Zutaten der Saison immer die Besten sind. Es ist einfach, die hier vorgeschlagenen Rezepte zu kombinieren und anzupassen, solange Sie bedenken, dass niemals zwei Gänge zu reichhaltig sein sollten. Übernehmen Sie sich nicht; es ist wichtig, dass Sie während des ganzen Menüs entspannt und locker bleiben. Ihre Gäste spüren, wenn Sie es nicht sind.

AUSWAHL DER GETRÄNKE

Sowohl der Anlass als auch das servierte Essen müssen bei der Auswahl der Getränke berücksichtigt werden: Ein erlesener Wein und scharfes Grillgut passen nicht zueinander. Ein Aperitif vor dem Essen ist eine gute Möglichkeit, Ihre Freunde zu entspannen, achten Sie jedoch darauf, dass er nicht zu stark ist und den ersten Gang nicht verdirbt. Ein Brandy, Likör oder Portwein zum Kaffee nach der Mahlzeit ist ebenfalls willkommen, vor allem im Winter. Bei der Weinmenge rechne ich im Schnitt drei Gläser pro Person. Mineralwasser und ein weiteres alkoholfreies Getränk sollten immer vorrätig sein.

WAHL DES GESCHIRRS

TELLERSTILE
Cremefarbenes Geschirr ist für den täglichen Gebrauch ideal, während elegantes Weiß mit marmorierten Rändern zu förmlicheren Anlässen passt. Für Abwechslung sorgen preiswerte, farbige Teller.

Die Meisten von uns besitzen nur ein einziges vollständiges Service und ansonsten eine bunte Sammlung nicht zusammengehörender Teller, Schälchen und Servierschüsseln für die täglichen Mahlzeiten. Wenn Sie häufig Einladungen geben, haben Sie idealerweise zwei Services mit jeweils zwölf Teilen. Eins ist für den täglichen Gebrauch und formlose Einladungen bestimmt und sollte Tee- und Frühstücksgedeck beinhalten. Das andere kann etwas Besonderes, Vornehmes für förmlichere Anlässe sein.

Neues Geschirr kaufen

Der Kauf von neuem Geschirr kann sowohl aufregend wie beängstigend sein. Die Auswahl ist riesig, so dass man sich darüber klar werden muß, was die endgültige Entscheidung beeinflusst. Als erstes sollten Sie Ihren Lebensstil in Betracht ziehen: Es macht wenig Sinn, teures und empfindliches Porzellan zu kaufen, wenn Sie normalerweise zwanglos am Küchentisch essen; ebenso können klobige Teller in kräftigen Farben unangemessen sein, wenn Sie gerne stilvollere Einladungen geben. Heutzutage ergeben sich kaum Einschränkungen im Design durch den Erwerb von spülmaschinenfestem Geschirr, welches eindeutige Vorteile hat. Beachten Sie Form und Größe der Teller innerhalb eines Services. Suppentassen sollten immer eine gute Größe haben, und meiner Meinung nach sind Teller mit ca. 25 cm Durchmesser angenehm. Größer sind sie schlecht zu waschen und zu verstauen, kleiner wirken sie schnell überladen. Ich

finde flache Nachtischteller oft nützlicher als Schälchen, und kleine Teller sollten groß genug sein, um Salat darauf servieren zu können. Salatschüsseln bestehen am Besten aus Holz oder aus Ton. Drei Servierschüsseln mit Deckel, eine große Fleischplatte sowie zwei Saucieren sind weitere, wichtige Bestandteile.

Das Essen auf dem Teller

Jedes Gericht sieht anders aus; aus diesem Grund spricht viel für sehr schlichtes Porzellan. Für den täglichen Gebrauch ist ein stilvoller weißer oder cremefarbener Teller mit einem geriffelten oder welligen Rand kaum zu übertreffen; das meiste Essen wirkt auf weißem Untergrund ansprechend. Einfarbige Teller, besonders in Gelb, Grün und blassblau heben das Essen ebenfalls gut hervor. Satte, knallige Farben können bei manchen Gerichten glänzend wirken, bei anderen dagegen grässlich. Nehmen Sie sie als fröhliche Alternative zu vielseitig einsetzbarem, aber vielleicht weniger aufregendem Geschirr.

Improvisieren Sie mit Vorhandenem

Fast jedes Geschirr sieht auf einem ansprechend gedeckten Tisch gut aus. Um das Beste aus bereits Vorhandenem zu machen, wiederholen Sie die Farben des Geschirrs in helleren oder dunkleren Schattierungen auf dem Tisch. Haben Sie keine Hemmungen, Teller mit ähnlichem Stil zu mischen: Benutzen Sie Servietten, Blumen oder Kerzen als Verbindungselement.

Suchen Sie neben dem normalen Geschirr nach alternativen Gefäßen, um ein Motto zu unterstreichen: eine große Muschel für Salz auf einem »Meeres«-Tisch oder eine handgefertigte Eisschale in der Sorbet oder Eiscreme serviert werden. Die Präsentation ist wichtig, und es ist überraschend, wie mit bereits Vorhandenem dem Tisch ein völlig neues Gesicht verliehen werden kann.

Präsentation der Gerichte
Bedenken Sie bei der Auswahl des richtigen Tellers für jeden Gang, wie Farbe und Struktur des servierten Gerichts am Besten zur Geltung kommen.

WELCHES GLAS?

Es gibt Gläser für jede Art von Getränken, von Champagner bis Cidre, von Rully bis Friaul, von Bitter bis Stout, von Cloudy Bay bis Beyond My Wildest Dreams und von Piña Colada bis Tequila Sunrise. Sie würden enorm viele Gläser benötigen, wenn Sie Ihre durstigen Gäste stets mit dem richtigen Glas bewirten wollten. Ich empfehle daher, nur einige Glassorten für die häufigsten Getränke zu nehmen. Für den Aperitif vor der Mahlzeit benötigen Sie einen Satz Champagnerflöten; hohe Trinkgläser, wie etwa Collins-Gläser, für alkoholfreie Getränke, Wasser, Longdrinks und Bier; niedrige Trinkgläser für Whiskey und Sherrygläser. Während der Mahlzeit reichen Rotweingläser mit großem, gewölbten Kelch, Weißweingläser mit guter Größe und tulpenförmigem Kelch sowie Wassergläser. Hinterher könnten Sie Brandygläser, Portweingläser und Likörgläser benötigen. Alles andere ist Luxus. Ich mag klare, farblose Gläser am liebsten, vor allem für Wein, es gibt aber auch sehr schöne, farbige Gläser, die Sie verwenden können, um ein bisschen Abwechslung hereinzubringen.

Was wird wann serviert?

Vor dem Essen habe ich meistens einen Krug mit einem Getränk vorbereitet, etwa Pimms, Rumpunsch oder Wodka mit Preiselbeersaft. Das erleichtert das Servieren, vor allem, wenn Neuankömmlinge zu begrüßen sind. Außerdem können Sie jederzeit etwas anderes zubereiten, falls jemand das angebotene Getränk nicht mag. Bieten Sie immer auch eine alkoholfreie Alternative, wie etwa einen Fruchtpunsch, an.

Zu speziellen Anlässen ist es ein besonderer Genuss, mehrere Weine zu servieren; bei zwangloseren Essen ist dies nicht nötig. Halten Sie immer genügend Mineralwasser bereit. Enden Sie mit einem Brandy, Portwein oder Likör zum Kaffee, vielleicht nicht am Esstisch, was dabei hilft, die Veranstaltung zu strukturieren. Bei einer zwanglosen Einladung können Mehrzweckgläser mit Stiel für die meisten Getränke vor dem Essen, für Rot- und Weißwein und für Wasser verwendet werden.

Collins · Niedriges Trinkglas · Martini · Sherry · Champagner · Cocktail · Bier · Mehrzweckglas mit Stiel

Aperitifs △

Collins-, Bier- und Mehrzweckglas sind austauschbar und einige Cocktailgläser ähneln Martinigläsern so weit, dass sie für beide Getränke genommen werden können.

Weisswein · Riesling · preiswerter Rot- oder Weisswein · Rotwein · Wasser

Portwein · Irish Coffee · Likör · Brandy

Zum Essen △

Für die meisten Mahlzeiten reichen das Weißweinglas ganz links, das Rotweinglas mit großem, gewölbten Kelch und das Wasserglas völlig aus. Alle anderen sind Verfeinerungen.

Nach dem Essen

Servieren Sie Portwein und, wichtiger noch, Brandy in einem Glas, mit einem nach oben hin geschlosseneren Kelch. Das Henkelglas ist gut für Irish Coffee und für grogartige Getränke. Liköre werden in kleinen Stilgläsern serviert.

BLUMEN Ein Gänseblümchen ist genauso schön

BLUMEN STECKEN
Machen Sie diese Arbeit frühzeitig, damit Sie letzte Hand ans Essen anlegen können.

ZEITPLAN
Kaufen Sie Blumen zwei bis drei Tage im Voraus, bereiten Sie sie vor und bewahren Sie sie in Kübeln auf.

Blumen verleihen jedem Anlass Anmut. Wählen Sie die Blumen sorgfältig aus und nehmen Sie sich anschließend die Zeit, sie vorzubereiten. Einige grundsätzliche Hilfsmittel sind unerläßlich. Für formlose Gestecke brauchen Sie eine gute Floristenschere, eine Gartenschere zum Schneiden holziger Stiele, ein kleines, scharfes Messer zum Abschaben der Stiele und Kübel, Krüge oder Vasen in denen die Blumen vorbereitet werden können. Für aufwendigere Arrangements brauchen Sie eventuell Blumensteckmasse, feinmaschiges Drahtgeflecht, kurze Drahtstücke, eine Drahtschere, Haftmasse für Floristen und Steckhalter.

Die Auswahl der Blumen

Zuerst müssen Sie entscheiden, welche Art des Arrangements Sie für Ihre Party bevorzugen. Wo soll es stehen? Wie viel Platz steht zur Verfügung? Welche Vasen oder sonstigen Gefäße besitzen Sie? Welche Blumen sind gerade in Saison? Lassen sich die Blumen in Ihr Farbschema einbinden oder können sie es bestimmen? Für den Tisch eignen sich niedrige Gestecke am Besten, große, ausgeprägtere können dagegen auf einem Beistelltisch sehr beeindruckend sein. Lassen Sie sich von der Aufstellung auf der rechten Seite für die Tischdekoration, für die einzelnen Gedecke, für Beistelltische, Wände und Kaminsimse inspirieren. Die Aufstellung zeigt den Umfang der Vorschläge in diesem Buch.

INDIVIDUELLE BEHANDLUNG

Alle Blumen und alles Blattwerk sollte, wie auf der gegenüberliegenden Seite beschrieben, vorbereitet werden, einige Pflanzenarten brauchen aber zusätzlich besondere Behandlung. Die harten Stiele von holzigen Sträuchern werden schräg angeschnitten, anschließend wird jedes Ende weich geklopft. Entfernen Sie 5 cm der Rinde. Pflanzen mit Milchsaft, wie Wolfsmilch und Mohn, müssen mit einer Flamme versengt werden, damit der Saft nicht ausläuft.

Einige Pflanzen, vor allem Tulpen, Korsika-Nieswurz und Liguster, sind so säurehaltig, dass sie anderen Pflanzen schaden und daher am Besten alleine verwendet werden.

wie eine Orchidee

Vorbereitung

Ich besorge die Blumen normalerweise zwei bis drei Tage im Voraus und nehme Exemplare mit gesunden frischen Blättern, die gerade über das Knospenstadium hinaus sind. Vergewissern Sie sich, dass Stiele, die im Wasser standen, keine helle Färbung angenommen haben und frei von glitschigen Bakterien sind.

Wenn Sie nach Hause kommen, bereiten Sie alle Pflanzen vor, indem Sie die Stielenden in einem scharfen Winkel anschneiden und am unteren Ende rund herum 5 cm frei schaben. Entfernen Sie alle Blätter, die im fertigen Arrangement unter Wasser sein würden und legen Sie Blumen und Blätterwerk in einen Kübel mit Wasser, dem drei bis vier Tropfen Haushaltsbleiche beigegeben wurden (dadurch werden Bakterien, die die Pflanzen verfaulen lassen, abgetötet). An einem kühlen, hellen (nicht sonnigen) Platz wenigsten zwei Stunden, besser noch über Nacht, stehen lassen, bis die Knospen sich geöffnet haben und Sie das Arrangement anfertigen. Dies geschieht idealerweise am Tag vor der Einladung. Wenn es kühl ist, den Kübel nach draußen stellen, um die Lebensdauer der Pflanzen zu erhöhen.

Wenn Gestecke und Sträuße fertig sind, muss das Wasser regelmäßig gewechselt werden. Dabei jedes Mal einige Tropfen Bleichmittel zugeben. Schlaffe Stiele lassen sich manchmal wiederbeleben, wenn die Enden fünf bis zehn Minuten in kochendes Wasser gestellt werden.

Blumengallerie

Seite 66–67

Seite 30–31

Seite 64

Seite 49–51

Seite 72–73

Seite 108–109

Seite 46–47

Seite 126–127

Seite 142

Seite 141

Seite 110–111

Seite 157

Seite 33

Seite 170

Seite 172–173

BELEUCHTUNG

Art und Stärke der Beleuchtung spielen eine Schlüsselrolle für die Atmosphäre bei einem Essen: Die Beleuchtung kann das Ereignis herausheben oder zunichte machen. Tagsüber haben Sie weniger Kontrolle, in Innenräumen können jedoch Rollos die einfallenden Sonnenstrahlen abhalten und an düsteren Tagen kann Kerzenlicht sehr willkommen sein. Draußen sollte zum Wohle der Gäste, wie des Essens, die Sitz- und Essecke im Schatten liegen. Einige der Mahlzeiten, an die ich gerne zurückdenke, genossen wir draußen im weichen, scheckigen Schatten einer Weinlaube.

Kerzeneffekte

Abends geben Kerzen ein weiches und schmeichelhaftes Licht, das eine beschwingte Stimmung hervorruft. Sollte Kerzenlicht allein zum Servieren und Essen eventuell nicht ausreichen, nehmen Sie etwas elektrisches Licht zu Hilfe, um den richtigen Grad an Helligkeit zu erreichen.

Überlegen Sie, ob neben Kerzenständern und Armleuchtern auch Kerzen in Blumenarrangements Verwendung finden können oder fertigen Sie individuelle Laternen an.

Im Freien müssen Kerzen vor Wind geschützt werden. Gläserne Windlichter sind überall erhältlich, Sie können aber auch Ihre eigenen herstellen, indem Sie Kerzen in Trinkgläser stellen. Parfümierte Kerzen, etwa mit Rosmarin, Zitronengras oder Zitrone, halten sehr gut Insekten fern.

Tischarrangements

Seite 72–73

Seite 124–125

Seite 140–141

Seite 68–69

Seite 69

Seite 107

SICHERHEIT IM UMGANG MIT KERZEN

Lassen Sie Kerzen niemals unbeaufsichtigt brennen. Platzieren Sie sie so, dass sie beim Servieren nicht im Weg sind, den Blick über den Tisch nicht beeinträchtigen und nicht Blumenarrangements oder die Wände ansengen können.

Kerzen, die in Arrangements aus frischen Blumen stehen, sind relativ sicher, da die Pflanzen kaum Feuer fangen. Sorgen Sie aber trotzdem dafür, dass die Kerzen immer höher sind, als Blumen oder Blätter oder aus deren Reichweite.

TISCHWÄSCHE

Die am einladendsten gedeckten Tische, die ich gesehen habe, verdanken ihre Wirkung oft der Tischwäsche: dem Tischtuch und den Servietten. Überlegen Sie gut, welche Farbe das Tischtuch haben soll, da es das Aussehen des Tisches dominiert; in meinen Augen sollte es einfarbig sein. Wenn Sie neue Tischwäsche kaufen, sind neutrale Farben die zweckmäßigsten; Weiß, cremefarben und Fahlgrau gehören zu meinen Favoriten, aber auch Palmgrün und kräftiges Dunkelrot können fantastisch aussehen, vor allem im Winter. Tischplatten aus Holz sind weich und angenehm, es ist jedoch wichtig, Sets zu verwenden, um Kratzer und Hitzeschäden am Tisch zu vermeiden. Wählen Sie die Sets so, dass sie zur Tischdekoration und zu den Servietten passen.

Die Details

Viele altmodische Formalitäten sind heute verschwunden, ich bin aber jedes Mal enttäuscht, wenn ich in einem Restaurant keine steif gebügelte Serviette bekomme. Stoffservietten erzeugen auch zu Hause ein Luxusgefühl und auch wenn sie etwas mehr Arbeit bedeuten, lohnt sich diese für die meisten Anlässe, tragen die Servietten doch sehr zum Gesamteindruck bei. Bei größeren Partys sind Papierservietten allerdings praktischer. Ich bevorzuge eine schlicht gerollte oder gefaltete Serviette, eventuell mit einem dekorativen Ring oder mit einer Schleife.

Servietten falten

Seite 28–31

Seite 156–157

Seite 64–65

Seite 32–33

Seite 46–47

Seite 48–49

Seite 172–173

Seite 142–143

Seite 140–141

SERVIETTENRINGE

Stellen Sie Ihre eigenen Serviettenringe aus geflochtenem Bast oder aus Bändern – am Besten mit verstärkten Rändern – her. Damit lassen sich die verschiedenartigen dekorativen Elemente auf dem Tisch verbinden.

DEN TISCH DECKEN

Beim Tischdecken sollte das Hauptaugenmerk darauf liegen, dass die Gäste sich behaglich fühlen und sich ohne Schwierigkeiten miteinander unterhalten können. Ich möchte, dass sich jeder mit jedem unterhalten kann. Bei mehr als acht Personen kann dies schwierig werden, es sei denn, Sie haben einen ovalen Tisch. Da mein Esstisch rechteckig ist, scheint die ideale Anzahl an Gästen sechs zu sein: Es ergibt sich dadurch eine Gruppe, aus der sich niemand ausgeschlossen fühlen muss. Bei einer größeren Anzahl an einem rechteckigen Tisch spaltet sich die Gruppe oft auf; bei solchen Gelegenheiten bitte ich einige Gäste, zwischen den Gängen die Plätze zu tauschen.

Einige Gastgeber möchten nicht gerne die Unterhaltung verpassen, wenn sie während der Mahlzeit am Herd stehen und ziehen es daher vor, in der Küche zu essen. Das hat den Vorteil, dass heißes Essen auf dem Weg vom Ofen zum Tisch heiß bleibt, kommt aber etwas unsicheren Köchen und Köchinnen nicht unbedingt entgegen. Bedenken Sie auch, dass Essensreste und schmutziges Geschirr mit Fortschreiten der Mahlzeit unansehnlich werden können!

Platz zum Wohlfühlen

Der Esstisch darf nie überladen wirken. Wenn der Platz beschränkt ist, füllen Sie das Essen an anderer Stelle auf, anstatt die Schüsseln in der Tischmitte unterbringen zu wollen. Gewürze, Brot und Salat sollten leicht zugänglich sein: Stellen Sie bei mehr als sechs Personen zwei Gewürzständer auf den Tisch.

Ein Blumenarrangement lässt den Tisch schön geschmückt erscheinen und Kerzenschein trägt zur Atmosphäre bei. Achten Sie darauf, dass die Kerzen nicht zu viel Platz einnehmen oder die Sicht der Gäste beeinträchtigen. Ich habe oft ein großes Arrangement auf dem Tisch, das ich während der Mahlzeit auf einen Beistelltisch stelle. Kleine Vasen bei jedem Gedeck sind schön und nicht so aufdringlich.

▽ DER GUT GEDECKTE TISCH
Der Esstisch sollte selbst bei den großartigsten Abendgesellschaften nie einschüchternd wirken. Stets sollte das Wohlbehagen der Gäste die oberste Priorität haben.

SALZ UND PFEFFER
Nehmen Sie ein Salz-und-Pfeffer-Set für sechs Personen; Schälchen mit Salzkristallen und grobem Pfeffer sind eine gute Alternative.

Ergonomische Aspekte

Damit die Gäste ohne Behinderung ihr Essen schneiden und die Gabel frei benutzen können, sollten zwischen dem Mittelpunkt zweier Gedecke 65 cm eingehalten werden. Lassen Sie auf der Mitte des Tischs genügend Platz für Gewürze. Versuchen Sie, auf der einen Seite, es Ihren Gästen zu ermöglichen, sich selbst zu bedienen – so dass Sie nicht ständig für alles sorgen müssen – auf der anderen Seite sollte der Tisch aber auch nicht überladen wirken. Stehen Blumen und Kerzen auf dem Tisch, achten Sie darauf, dass die Gäste sich gegenseitig gut sehen können.

SALATSCHÜSSEL
An dem Platz, an dem jetzt die Salatschüssel steht, stand ein Blumengesteck, bevor die Gäste Platz genommen haben.

BLUMEN
Kleine, ausgewogene Vasen oder Schalen mit unterschiedlichen Blumenanordnungen.

WASSERKRUG
Ein Krug mit Mineral- oder Leitungswasser auf dem Tisch ermöglicht es den Gästen, sich selbst zu bedienen.

EIN BUFFET HERRICHTEN

Da Buffets normalerweise eine große Anzahl Gäste mit Essen versorgen, ist das Hauptkriterium die Zugänglichkeit. Sehen Sie möglichst zwei getrennte Stellen für das Servieren von Essen und Getränken vor und bereiten Sie Gerichte zu, die leicht zu essen und zu servieren sind.

Für ein Selbstbedienungsbuffet ist ein Tisch ideal, um den die Gäste herumgehen können. In vielen Haushalten steht der Tisch aber aus Platzgründen an der Wand, wie unten gezeigt. Platzieren Sie alles in der Reihenfolge, in der es benötigt wird: Teller, Besteck und Servietten zuerst, anschließend die Hauptgerichte; Dressings, Gewürze, Brot und Salat sollten dicht dabei stehen.

SELBSTBEDIENUNG VON EINER SEITE
Dieses Buffet mit zwei Nudelgerichten und Salat ist so hergerichtet, dass die Gäste sich von der Vorderseite eines an die Wand gestellten Tisches bedienen können.

BENÖTIGTES BESTECK
Legen Sie das Besteck so hin, dass es leicht aufgenommen werden kann.

SERVIETTEN
Legen Sie für jeden Gast mehr als eine Papierserviette aus.

NUDELSCHÜSSELN
Servierschüsseln für heiße Gerichte sollten nicht zu groß sein; füllen Sie sie häufig nach.

SALAT
Nehmen Sie für ein Buffet kleine Salatblätter, die sich leicht essen lassen.

SALZ UND PFEFFER
Gäste nehmen sich Prisen von grobem Pfeffer und Salz: Löffel fallen leicht aus den Schalen heraus.

Nachtischteller und -besteck sollten weiter unten auf dem Tisch, weg von den pikanten Gerichten, hingestellt werden. Platzieren Sie niedrige Blumen und Kerzendekorationen an unzugänglichen Stellen im Hintergrund oder zwischen Dingen, die für verschiedene Gänge gebraucht werden. Rotwein oder Weißwein in einem Kühler kann entfernt von den aufgestellten Gerichten platziert werden, um das Auffüllen zu erleichtern.

BROT UND BUTTER
Schneiden Sie Brot und Butter in handliche Stücke.

BLUMEN
Platzieren Sie eine Schale mit Blumen, wo diese das Servieren nicht behindert.

DINGE FÜR DEN NACHTISCH
Schälchen, Löffel und Mandelmakronen stehen bereit.

EINE GROSSE ANZAHL GÄSTE BEWIRTEN

Die Tische unten sind für eine größere Anzahl Gäste gedeckt. Ein freistehender Tisch ermöglicht es vielen Gästen, sich zur selben Zeit zu bedienen. Bei mehr als 18 Personen lohnt es sich, jemanden zum Servieren hinter dem Tisch zu platzieren.

ZUGANG VON ALLEN SEITEN
Wie bei allen Buffets kommen Teller, Besteck und Servietten zuerst. Platzieren Sie anschließend die Hauptgerichte mit Extras wie Parmesankäse und Gewürzen in der Nähe. Salat, Brot, Butter, zusätzliches Salz und Pfeffer und Getränke mit Gläsern (mit auf den Tisch gestellt, je nach dem, ob noch Platz vorhanden ist), folgen und schließen den Kreis.

BEDIENUNG HINTER DEM TISCH
Die Hauptgerichte werden vom Gastgeber oder einem Kellner serviert, die Gäste bedienen sich mit Besteck, Servietten, Salat, Brot, Butter und Gewürzen (alle vorne auf dem Tisch aufgestellt). Es ist genug Platz für Wein, aber nicht für Gläser. Stellen Sie sicher, dass heißer Nachschub ohne Störungen herbeigebracht werden kann.

LETZTE VORBEREITUNGEN

ERSTE DRINKS
Stellen Sie Getränke und Gläser bereit, damit Sie beim Eintreffen der ersten Gäste sofort ausschenken können.

EINKAUFEN
Planen Sie mehrere Einkaufsgänge: Das gibt Ihnen die Möglichkeit, Dinge zu besorgen, die beim ersten Mal nicht vorrätig waren oder die Sie beim ersten Einkauf vergessen haben.

Innerlich ruhig ist, wer sich gut vorbereitet hat: Sie werden sich viel wohler fühlen, was sich auch auf Ihre Gäste überträgt. Es mag phantasielos klingen, Listen anzufertigen, ich komme jedoch nicht ohne sie aus, wenn ich eine Einladung organisiere.

Entscheidungen, Listen und Zeitpläne

Sobald Sie das Menü festgelegt und das Motto ausgesucht haben, fertigen Sie eine Einkaufsliste an. Setzen Sie auch die Getränke mit darauf und vergessen Sie nicht alkoholfreie Getränke, Tee und Kaffee. Entscheiden Sie, welche Blumen oder anderen, besonderen Dinge, wie Kerzen, Sie benötigen und setzen Sie sie ebenfalls auf Ihre Einkaufsliste. Als nächstes stellen Sie einen detaillierten Zeitplan für die Essenszubereitung auf, der immer auch vorbereitende Arbeitsschritte, wie etwa Marinieren, enthalten muss.

Jetzt ist die Zeit gekommen, die Gestaltung des eigentlichen Ereignisses zu überlegen. Planen Sie, wo jeder Abschnitt der Einladung stattfinden soll, angefangen beim Drink vor der Mahlzeit, bis zum Kaffee hinterher. Wenn Sie dies festgelegt haben, machen Sie einen zweiten Zeitplan mit Aufgaben, die nicht das Kochen betreffen, wie etwa Blumen stecken, besondere Dekorationen vorbereiten, den Tisch decken, aufräumen und die Sitzordnung aufstellen. Setzen Sie auf die Liste auch Erinnerungen an Arbeiten, die während der Einladung zu erledigen sind, wie etwa, die Heizung anzupassen, den Backofen vorzuheizen oder das Sorbet aus dem Kühlfach zu nehmen.

»Perfektion ist das Kind der

Der Augenblick rückt näher

Während ich koche, finde ich eine zweite Eieruhr oft hilfreich, um an zu erledigende Arbeiten erinnert zu werden, die nichts mit dem Kochen zu tun haben. Versuchen Sie – wenn Sie dies schaffen – genügend Zeit für Schwierigkeiten sowie für eine erholsame Tee- oder Kaffeepause einzuplanen. Streichen Sie erledigte Arbeiten von Ihrer Liste: Dies ist sowohl befriedigend wie auch beruhigend.

Sorgen Sie dafür, dass jeder Ort, an dem Sie sich aufhalten werden, ordentlich und einladend ist und stellen Sie in jedem Raum die benötigten Dinge bereit, bevor die Gäste erscheinen: Bereiten Sie ein Getränketablett vor und stellen Sie Tassen und Untertassen dahin, wo Sie Kaffee servieren möchten. Teilen Sie die Aufgaben auf, falls Sie mehr als ein Gastgeber sind.

Panik im letzten Moment

Denken Sie daran, sich Zeit zum Fertigwerden zu lassen. Es wird sicher im letzten Moment noch etwas zu kochen geben, egal, wie viel Sie im Voraus vorbereitet haben. Aber einige Minuten zum Entspannen, mit einem Glas in der Hand, bevor es klingelt, sind lebensrettend.

Zeit« JOSEPH HALL 1574–1656

ZEITPLAN

EINIGE WOCHEN IM VORAUS
Entscheidung für eine Einladung
Überlegen, wer eingeladen wird
Einladungen aussprechen
Wahl des Menüs
Benötigte Hilfe oder Ausrüstung bestellen

EINE WOCHE IM VORAUS
Einkaufsliste für Lebensmittel, Getränke und Blumen schreiben
Zeitplan für die Party erstellen
Essen, das eingefroren werden kann, zubereiten
Räume festlegen, die für die Einladung genutzt werden sollen

DREI TAGE IM VORAUS
Blumen kaufen und vorbereiten
Wichtige Tischdekoration herstellen
Getränke kaufen

EINEN TAG IM VORAUS
Letzte Lebensmittel einkaufen
Blumenarrangements herstellen
Aufräumen und Tischwäsche bügeln
Sicherstellen, dass genug Eis vorhanden ist
Essen zubereiten, das über Nacht stehen kann

AM SELBEN TAG
So viel Essen wie möglich im Voraus zubereiten
Alle Gerichte vorbereiten, die im letzten Moment wieder erhitzt werden können
Räume, in denen Sie sich aufhalten werden, vorbereiten
Getränketablett vorbereiten
Weine auf die richtige Temperatur bringen

EINIGE STUNDEN IM VORAUS
Tisch decken
Sitzordnung entscheiden
Mit frühzeitigem Kochen beginnen

DIE LETZTE STUNDE
Soviel Gerichte wie möglich vorbereiten
Küche aufräumen; abwaschen
Selbst fertig machen
Rotweine zum Belüften öffnen
Gönnen Sie sich einen Drink – Sie haben es sich verdient

WÄHREND DER PARTY
Bei Mittags- oder Abendgesellschaften $1^1/_4$ Stunden Zeit zwischen Eintreffen des ersten Gastes und dem Beginn der Mahlzeit einplanen.

FRÜHSTÜCK & BRUNCH

Die erste Mahlzeit des Tages ist etwas ganz Besonderes, wird doch der Appetit aufs Neue geweckt. Ob lecker und herzhaft im Familienkreis, als fürstliches Mahl für einen ausgewählten Freundeskreis oder als intimes Frühstück für zwei, sie sollte immer in einer vertrauten, zwanglosen Atmosphäre stattfinden. Von den Gerichten können wir nie genug bekommen; ich esse diese einfachen, leckeren Speisen so gerne, dass ich oft versucht bin, sie auch zum Mittag- oder Abendessen zuzubereiten!

Eine schlichte Tafel im Freien (rechts) bildet den perfekten Rahmen für den köstlichen Spätsommer-Brunch (S. 34).

LÄNDLICH

Ein klarer Morgen und in der Luft liegen tausend

Schaffen Sie eine ländliche Atmosphäre, in der Sie ein spätes Frühstück oder noch späteren Brunch mit goldfarbenem Geschirr auf einem himmelblauen Brettertisch genießen.

EINEN BROTKORB AUSKLEIDEN

Kleiden Sie einen Korb für die Frühstücksbrötchen, den Toast oder die Brotstücke mit einer Serviette oder einem Geschirrtuch aus. Dieses Futter hält das Brot köstlich warm.

1 Breiten Sie eine quadratische Serviette oder ein Geschirrtuch mit der rechten Seite nach unten aus. Falten Sie die vier Ecken so, dass sie genau in der Mitte aufeinander treffen.

2 Drehen Sie die Serviette vorsichtig um, so daß die gefalteten Ecken bestehen bleiben. Falten Sie erneut die vier Ecken so, dass sie genau in der Mitte aufeinander treffen.

3 Legen Sie die Serviette in den Korb; drücken Sie dabei die Ecken in der Mitte herunter. Holen Sie jede lose Ecke von unten hervor und formen Sie ein Nest für Ihre Brötchen.

Finden Sie die losen Ecken und ziehen Sie sie hervor.

HIMMELBLAUER TISCH
Dieser Brettertisch wurde gestrichen. Wenn Sie einen alten Holztisch besitzen, streichen Sie ihn mit einer Schicht Farbe an, die zu Ihrem Geschirr passt.

Versprechungen

Ein Stück Butter
Ein großes Stück loser Butter auf einem getöpferten Butterteller muss nicht pedantisch genau ausgerichtet sein – die unregelmäßige Form der Butter verlockt zum Genießen.

Brotkorb
Ein Weidenkorb strahlt die Natürlichkeit aus, die tagsüber für die meisten Mahlzeiten angemessen ist; legen Sie eine blumenförmig gefaltete Serviette hinein, um das Brot warm zu halten.

Bastbänder
Nehmen Sie schlichte Servietten im Ton des Geschirrs und halten Sie sie mit geflochtenen Bastbändern zusammen *(Seite 31).*

DETAILS LASSEN DIE SONNE SCHEINEN

MORGENBLUMEN

Einfache Blumenarrangements sind für ein entspanntes Frühstück oder Brunch angemessen. Jede Saison hat ihre eigenen Pflanzen, vor allem, wenn Sie Blumen, Blätter und Beeren sowohl wegen ihrer Struktur, als auch wegen der Farben auswählen. Die Farbzusammenstellung dieser beiden Sommerarrangements ist durch die warmen, sonnigen Töne des Geschirrs auf Seite 28 inspiriert. Wählen Sie, wenn irgend möglich, Blumen, die zu Ihrem eigenen Geschirr passen.

Eukalyptus

FARBHARMONIE
Kräftiges Orange bildet einen wichtigen Kontrast für das leuchtende Gelb, Lindgrün und Rot der anderen Pflanzen.

RINGELBLUMENKORB
Einige Blumenarten wie diese Ringelblumen bieten eine ganze Reihe Schattierungen derselben Farbe. Ein gelber Korb, der wasserdicht ausgekleidet ist, lässt sie wunderschön zur Geltung kommen.

Das Geheimnis ist natürliche Schlichtheit

Verwitterter Behälter
Diese alte Gießkanne ergibt einen interessanten, ländlichen Behälter. Ich habe einen Plastikeimer hineingestellt, damit die Kanne wasserdicht bleibt.

Serviettenfächer

Serviettenschleifen aus farblich neutralem, geflochtenen Bast passen zu jedem tagsüber stattfindenden ländlichen Festmahl. Ich habe sie hier zu sonnengelben Leinenservietten verwendet.

1 Falten Sie ein Drittel einer quadratischen Leinenserviette um, und streichen Sie sie glatt. Legen Sie die Serviette im rechten Winkel zur ersten Falte in kleine Ziehharmonikafalten.

2 Dritteln Sie ungefähr 30 Bastfasern mit 35 cm Länge und flechten Sie diese. Jedes Ende mit einer einzelnen Bastfaser sichern und das Band um das dicke Ende des Serviettenfächers binden.

SCHWELGEND

Gemeinsames Frühstück, ewige Freundschaft

Für ein Frühstück im Bett sollten die Tabletts hergerichtet sein, die Brioches zum Aufwärmen bereitstehen, der Champagner gekühlt und die Kaffeekanne vorbereitet sein.

KAFFEEKANNE
Bereiten Sie auf alle Fälle für jeden wenigstens zwei Tassen Kaffee zu.

ROSENHERZ FÜR VERLIEBTE

Sorgen Sie für einen romantischen Start in den Tag mit einem Rosenherz auf dem Frühstückstablett. Moos umrahmt die Blumen, Bronzenblatt schmückt die Seiten.

1 Umwickeln Sie den Boden und die Seiten von feuchtem Kunststoffmoos mit Plastikfolie. Befestigen Sie die Folie mit Klebeband.

2 Schneiden Sie eine Seite jedes Bronzenblatts gerade. Tragen Sie längs der abgeschnittenen Kanten Klebstoff auf.

3 Kleben Sie die Blätter an die Seite des Herzens. Stecken Sie das nicht angeklebte, obere Teil an das Moos.

4 Bedecken Sie die Seiten vollständig durch ringsum überlappende Blätter. Schneiden Sie die Rosenstiele auf eine Länge von 2,5 cm und stecken Sie sie in die Moosform. Vollenden Sie das Herz mit einem Kranz aus Bart-flechten, der zwischen Blätter und Rosen gesteckt wird.

Stecken Sie Bartflechten und abstehende Blätter mit Nadeln fest.

zu einen

FRÜHST

Verwöhn
Geschmacksri
e

COEUR À L
Ein romantis

Eine erfolgr

GEH
Cremiger lem
lu

Mischen Sie zwe
gepressten Ora
Ende

HIN
Lemon curd ka
hält sich im K
à la Crème muss
Nacht im Küh
Kedgeree am Vor
Servieren für 12
während Sie den

ROSE IN EINER SERVIETTE
Falten Sie eine große Leinenserviette zu einem Dreieck und wickeln Sie sie um eine einzelne Rose.

LEINENTUCH FÜR DAS TABLETT
Als Tuch für das Tablett sollten Sie eine Leinenserviette verwenden, welche zu der mit der Rose passt.

LEMON CURD
Füllen Sie selbst gemachten Lemon Curd in ein kleines Schälchen und stellen Sie dieses auf das Tablett.

M

Ein g

Bee
oder au
farl

Ein l

Ein ei

Köstliche

Für den A
ein

Am Vor
Omelett l
Scheibe
damit sie
Beste
Verwen

GESUNDER START FÜR 6

MANGO & PAPAYA

15 MINUTEN

ZUTATEN

3 große reife Mangos
2 große reife Papayas
Saft von 2 Limetten
Extrafeiner Zucker nach Geschmack (wahlweise)
Minzespitzen zum Garnieren

1 Mangos mit einem Kartoffelschälmesser schälen und parallel zur flachen Seite des Steins der Länge nach in sechs Scheiben schneiden.

2 Die Papayas schälen, der Länge nach halbieren und die Samen mit einem Löffel entfernen und wegwerfen. Jede Hälfte quer in 9 Spalten schneiden.

3 Richten Sie auf jedem Teller je 3 Scheiben Mango und Papaya fächerförmig an und träufeln Sie Limettensaft über jede Portion. Soll der Salat süßer sein, etwas extrafeinen Zucker darüber geben. Mit einer Minzespitze garnieren.

KOCHTIPP

Ananas, Kiwis oder Bananen können zusätzlich oder anstelle der Mangos und Papayas verwendet werden. Dieses köstliche Gericht ist auch ein einfacher und erfrischender Nachtisch.

FRANZÖSISCHE PIPÉRADE

FRANZÖSISCHE PIPÉRADE

15 MINUTEN 35 MINUTEN

ZUTATEN

3 EL Olivenöl
175 g luftgetrockneter Schinken, in 2,5 cm breite Streifen geschnitten
4 Schalotten, in dünne Scheiben geschnitten
1 rote Paprika, in dünne Streifen geschnitten
1 Knoblauchzehe, durchgepreßt
2 TL frische Thymianblättchen (vorzugsweise Zitronenthymian)
3 Flaschentomaten, enthäutet und gehackt
175 g neue Kartoffeln, abgebürstet, gekocht und gewürfelt
Salz und Pfeffer nach Geschmack
30 g Butter
12 Eier, leicht verschlagen

1 1 Esslöffel Öl in einer Bratpfanne erhitzen. Den Schinken dazugeben und ca. 2 Minuten von jeder Seite braten. In eine vorgewärmte Schüssel geben und im Ofen warm halten.

2 Schalotten, rote Paprika, Knoblauch und Thymianblättchen in die Pfanne geben und bei mittlerer Temperatur ca. 10 Minuten dünsten, bis alles gerade weich geworden ist.

3 Gehackte Tomaten und gewürfelte Kartoffeln hinzufügen und ca. 15 Minuten garen, bis alle Flüssigkeit aufgenommen ist. Abschmecken.

4 Das restliche Öl und die Butter in einer großen Pfanne erhitzen. Die Eier hineingießen und unter Rühren garen, bis sie cremig sind. Die Pfanne vom Herd nehmen und die Gemüsemischung über die Eier geben. Zuletzt den warmen Schinken darauf verteilen und mit grob gemahlenem schwarzen Pfeffer bestreuen. Sofort mit leicht gebuttertem Toast servieren.

KOCHTIPP

Die Gemüsemischung kann am Vortag zubereitet und langsam in einem Topf aufgewärmt werden. Schinken und Eier sollten jedoch direkt vor dem Essen zubereitet werden.

PREISELBEER-MUFFINS

10 MINUTEN 40 MINUTEN

ZUTATEN

75 g feine Haferflocken
200 ml Milch, erwärmt
8 EL Mehl
½ TL Natron
1½ TL Backpulver
1 Prise Salz
1 großes Ei, leicht verschlagen
6 EL hellbrauner Zucker
30 g Butter, geschmolzen
90 g Preiselbeeren oder 60 g Blaubeeren, grob gehackt

1 Den Backofen auf 200 °C (Gas Stufe 6) vorheizen. Die Haferflocken in eine große Rührschüssel geben und die Milch darüber gießen. Gut verrühren und 10–15 Minuten zum Abkühlen beiseite stellen.

2 Mehl, Natron, Backpulver und Salz in eine zweite Rührschüssel sieben. Ei und Zucker zur Hafermischung geben und gut verschlagen. Die gesiebten Zutaten abwechselnd mit der Butter und den Preisel- oder Blaubeeren unterrühren.

3 Die Teigmischung in Muffinformen mit 7,5 cm Durchmesser oder Papier-Muffinformen füllen. 18–20 Minuten backen, bis sie goldbraun sind. Die Muffins ca. 5 Minuten in der Form lassen, anschließend auf ein Kuchengitter stürzen. Warm mit Butter servieren.

KOCHTIPP

Verwendet man frische Blaubeeren anstelle der Preiselbeeren, erhält man süßere Muffins.

PREISELBEER-MUFFINS

SPÄTSOMMER-BRUNCH FÜR 12

PERNOD-BIRNEN IN GRAPEFRUITSAFT

15 MINUTEN 40 MINUTEN

ZUTATEN

12 Birnen, nicht ganz reif
1 l rosa Grapefruitsaft
90 g extrafeiner Zucker
12 Sternanis
175 ml Anislikör (vorzugsweise Pernod)

1 Die Birnen halbieren, schälen und die Kerngehäuse entfernen. Die Birnenhälften in einen großen Topf legen, Grapefruitsaft darüber gießen und Zucker und Sternanis dazugeben.

2 Zum Kochen bringen, den Deckel auflegen und alles 15–20 Minuten köcheln lassen, bis die Birnen gerade weich sind.

3 Die Birnen in eine Servierschüssel legen. Den Saft um die Hälfte einkochen lassen.

4 Den Saft durch ein Sieb abseihen und abkühlen lassen. Den Pernod dazugeben. Die Flüssigkeit über die Birnen gießen und alles bis zum Servieren in den Kühlschrank stellen.

KOCHTIPP

Die Birnen können am Vortag zubereitet werden. Möchten Sie eine alkoholfreie Variante, können Sie anstelle von Pernod Ingwerlimonade *(ginger-ale)* zu dem eingekochten Saft geben. Verzichten Sie dann auf den Zucker.

SCHINKEN, GARNELEN & ÄPFEL

20 MINUTEN 20 MINUTEN

ZUTATEN

6 knackige rote Essäpfel (vorzugsweise Jonagold)
Saft von 1/2 Zitrone
2 1/2 EL Zucker
500 g rohe Bärengarnelen
3 EL Pflanzenöl
Je 10 Zweige frischer Thymian und Majoran
Salz und Pfeffer nach Geschmack
500 g luftgetrockneter roher Schinken, sehr dünn geschnitten
4 EL Olivenöl
250 g gemischte Pilze, in Scheiben geschnitten

1 Den Backofen auf der niedrigsten Stufe vorheizen. Jeden Apfel in 12 Scheiben schneiden und die Kerngehäuse entfernen. Die Scheiben in eine Schüssel legen und mit Zitronensaft und Zucker besprenkeln. Die Garnelen vorbereiten (S. Schritt 1, Seite 94).

2 Das Pflanzenöl in einer großen Pfanne erhitzen und die Äpfel mit den Kräutern ca. 5 Minuten braten, bis sie goldbraun sind. Vorsichtig würzen. In eine vorgewärmte Schüssel geben und im Ofen warm halten.

3 Die Schinkenscheiben ca. 5 Minuten unter häufigem Wenden in der Pfanne braten, bis sie kross sind. Auf ein Backblech legen und im Ofen warm halten.

4 In derselben Pfanne das Olivenöl erhitzen und die Pilze ca. 5 Minuten darin sautieren. Mit einem Schaumlöffel herausnehmen und zum Schinken in den Ofen geben.

5 In demselben Öl die Bärengarnelen ca. 2 Minuten sautieren, bis sie rosa werden. Alles in eine große Servierschüssel geben und mit Pfannkuchen mit Mais und grünen Erbsen servieren (gegenüberliegende Seite).

KOCHTIPP

Die Garzeiten für die Äpfel und die Pilze variieren je nach Sorte. Sie sollten beide *al dente* und nicht zu weich sein.

Pfannkuchen mit Mais und grünen Erbsen

10 Minuten 25 Minuten 30 Minuten zum Kühlen

Zutaten

175 g Mehl, gesiebt
175 g Maismehl, gesiebt
275 g Butter
900 ml Milch
6 Eier, leicht verschlagen
350 g tiefgefrorene Maiskörner, aufgetaut
250 g tiefgefrorene feine Erbsen, aufgetaut
Je 3 EL grob gehackte, frische Petersilie und Schnittlauchröllchen
1½ EL frische Thymianblättchen
Salz und Pfeffer nach Geschmack
Grüne Salatblätter und Crème fraîche zum Servieren

1 Mehl und Maismehl in einer großen Schüssel mischen. 200 g der Butter schmelzen.

2 Nach und nach Milch, Eier und zerlassene Butter unter die Mehlmischung schlagen. Mais, Erbsen, Kräuter und Gewürze unterrühren. Zugedeckt mindestens 30 Minuten in den Kühlschrank stellen. Nochmal rühren.

3 Zwei Teelöffel der restlichen Butter in einer Bratpfanne mit 25 cm Durchmesser erhitzen, bis die Butter gerade braun wird.

4 Zwei Esslöffel Teig in die Pfanne geben. Ca. 1 Minute auf jeder Seite braten, bis der Pfannkuchen goldbraun ist. Auf dem Rost im Ofen warm halten und mit dem restlichen Teig ebenso verfahren.

5 Die Pfannkuchen auf ein Bett aus grünen Salatblättern geben und mit Schinken, Garnelen & Äpfeln (gegenüberliegende Seite) und etwas Crème fraîche oder mit Speck und Ahornsirup servieren.

Kochtipp

Die Pfannkuchen können am Vortag zubereitet werden. Zum Aufwärmen auf zwei oder drei große Backbleche legen, diese locker mit Folie abdecken und bei mittlerer Temperatur ca. 15 Minuten im Ofen aufwärmen.

Schinken, Garnelen & Äpfel

Pfannkuchen mit Mais und grünen Erbsen

FRÜHSTÜCK FÜR VERLIEBTE FÜR 2

COEUR À LA CRÈME & PASSIONSFRUCHT

15 MINUTEN 12 STUNDEN ZUM KÜHLEN

ZUTATEN

6 EL Frischkäse
4 EL Magerquark
6 EL griechischer Joghurt
1 EL extrafeiner Zucker
1 TL Vanille-Extrakt
1 Eiweiß von 1 großen Ei
2 Passionsfrüchte
1 EL gesiebter Puderzucker
Weiche Früchte zum Dekorieren

KOCHTIPP

Ein Himbeer- oder Erdbeercoulis ist eine leckere Alternative zu Passionsfrucht.

1 Frischkäse, Magerquark, Joghurt, extrafeinen Zucker und Vanille-Extrakt gut verschlagen.

2 Eiweiß schlagen, bis steife Spitzen stehen bleiben. Anschließend vorsichtig unter die Käsemischung heben.

3 Coeur-à-la-Crème-Förmchen (herzförmige Keramikförmchen mit Löchern im Boden) mit Musselin auskleiden und die Mischung einfüllen. Wenn Sie keine Förmchen besitzen, nehmen Sie kleine Joghurt- oder Sahnebecher und stechen Sie Löcher in den Boden der Becher. Auf einem Tablett wenigstens 12 Stunden im Kühlschrank abtropfen lassen.

4 Für die Couliszubereitung die Passionsfrüchte halbieren und das Fruchtfleisch herauslöffeln. Das Fleisch durch ein Sieb drücken, um die Kerne zu entfernen. Den Puderzucker unter das Püree mischen.

5 Die Förmchen auf einen Servierteller stürzen. Die Sauce um die Crème herum träufeln (ca. einen Esslöffel pro Person) und alles mit weichen Früchten servieren.

COEUR À LA CRÈME &
PASSIONSFRUCHT

PIKANTES
KEDGEREE

KÜSTENZAUBER

Was macht mehr Appetit als ein Spaziergang am

Stellen Sie sich Boote auf glitzernder See und weißgetünchte Häuser im Sonnenschein vor. Erzeugen Sie diese Atmosphäre mit Hilfe der dem Meer und der Küste entnommenen Farben.

SERVIETTENRINGE AUS PAPIERBÄNDERN

Bleiben Sie dem Meeresthema mit Serviettenringen aus meergrünen gefältelten Papierbändern treu.

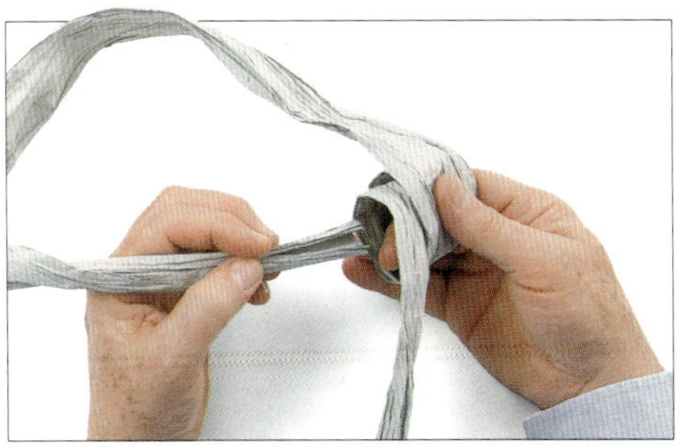

1 Pro Person ein 1 m langes Papierband abschneiden. Das Band doppelt um zwei Finger legen (in der Schlaufe wird die Serviette liegen.) Ein Ende durch die Schlaufe ziehen.

2 Beide Enden sollten ungefähr gleich lang sein. Mit zwei Fingern die Form der Schlaufe bewahren und mit den Enden einen einfachen Knoten machen.

3 Ein Ende zwischen Knoten und Schlaufe durchführen und festziehen. Das Band und den Knoten sorgfältig auseinander breiten. Die Enden mit einem schrägen oder einem v-förmigen Schnitt abschneiden.

Enden in die gewünschte Form schneiden.

VERWITTERTER TISCH *Farbe und Struktur der Oberfläche eines ausgeblichenen Holztisches erinnern an Strandgut.*

Meer?

GEMÜSETOPF
Füllen Sie einen kleinen geraden Tontopf mit Bartflechte und setzen Sie Gemüse, etwa einen Broccoli oder wie hier einen Blumenkohl hinein.

MUSCHEL ALS SALZFÄSSCHEN
Verwenden Sie eine Muschel als Gefäß für grobes Meersalz. Perlmuttene Miesmuscheln eignen sich ebenfalls gut.

GLÄSER
Matte Gläser passen perfekt zu den Sandtönen des Geschirrs.

GEMÜSE-ARRANGEMENT

Gemüse und Blätter in einer einfachen, angestrichenen Kiste sind eine originelle Dekoration für die Mitte des Esstisches oder für einen Beistelltisch. Ausgeblichenes Weiß verbindet sich mit dem Blau-Grün des Meeres und verwaschenen Holztönen und führt unser Küstenlandschaftsmotto fort (Seite 48 – 49); wählen Sie aus dem großen Angebot die Gemüsesorten, die zu Ihrem Farbmotto passen.

1 Verwenden Sie eine niedrige Kiste, hier eine hölzerne Pflanzkiste und legen Sie sie, falls nötig, mit einer Lage Plastikfolie aus. Füllen Sie die Kiste locker mit schönen Blättern wie etwa Eukalyptus. ◁

2 Verteilen Sie zuerst das große Gemüse. Galiamelone, Boskop, Blumenkohl, weiße Radieschen und Artischocken bilden den Rahmen für die kleineren Stücke. ▷

3 Platzieren Sie kleineres Gemüse wie Knoblauch und Pilze, bevor Stranddistel und Getreideähren eingefügt werden, um die Gemüse- und Obstsorten als Einheit zusammenzufügen (rechts). ◁

PFLANZKISTE
Streichen Sie eine einfache, hölzerne Pflanzkiste mit einer einzigen Farbschicht in der Farbe, die zu Ihrem Motto passt.

STRUKTUR UND KONTRAST

Die dominierende, runde Form des großen Gemüses wird durch kontrastierende Getreideähren und Stranddisteln sowie durch die kugeligen Eukalyptusblüten durchbrochen.

MENÜS

Es gibt kaum etwas Schöneres als ein ausgiebiges

UNTER FREIEM HIMMEL

Dies ist eine Kombination klarer Aromen, die die Sommersonne scheinen lassen. Jeder Gang ist schnell zubereitet.

Für 6 Personen

SALAT MIT FEIGEN UND FETA

Dieses eindrucksvolle Gericht ist leicht, einfach zuzubereiten und ein grandioser Schmaus für Auge und Gaumen.

FRISCHE PFANNENGEBRATENE SARDINEN

Mit dieser würzigen Kombination aus Fisch und Kräutern fühlen Sie sich in einen kühlen weinberankten Hof nahe der glitzernden See versetzt.

AROMATISCHER OBSTSALAT

Enden Sie mit dem Geschmack der Sonne in Form dieser exotischen, obstgefüllten Papierpäckchen.

GETRÄNKE

Genießen Sie die aromatische Frische eines weißen Rioja zu diesem Sommermenü.

HINWEISE FÜR DIE PLANUNG

Der Obstsalat kann bis auf das Backen im Voraus zubereitet werden. Es dauert einige Zeit, wenn Sie Papierpäckchen für mehr als zwölf Personen herstellen möchten. Der Salat mit Feigen und Feta kann bis zu mehreren Stunden im Voraus zubereitet werden. Bereiten Sie die Sauce für die Sardinen bis zu 12 Stunden vorher zu, braten Sie die Fische aber erst im letzten Moment. *Rezepte Seite 54–55*

FERNÖSTLICHE AROMEN

Dieses Menü zeichnet sich durch das scharfe, würzige Aroma aus, das für die fernöstliche Küche typisch ist.

Für 6 Personen

BÄRENGARNELENSUPPE

Einmal probiert, erkennen Sie, dass Garnelen und Kokosnuss für einander bestimmt sind.

FERNÖSTLICHE PÄCKCHEN MIT PIKANTER SAUCE

Knusprige Päckchen aus Phyllo-Teig mit dünn geschnittenem Schweinefleisch und Cashewnüssen, ergänzt durch eine scharfe Sauce.

INGWER-SORBET

Möhren passen - als süßliches Gemüse - gut in dieses exotische Sorbet mit Ingwer, das verführerisch in essbaren Ingwerkörbchen angerichtet ist.

GETRÄNKE

Warm servierter Sake ist das ideale fernöstliche Getränk zu diesem Gericht. Halten Sie Jasmintee als alkoholfreies Getränk bereit.

HINWEISE FÜR DIE PLANUNG

Stellen Sie das Ingwer-Sorbet bis zu 6 Wochen im Voraus her. Die Ingwerkörbchen halten sich luftdicht aufbewahrt bis zu 2 Wochen. Die Phyllo-Päckchen benötigen etwas Zeit in der Herstellung und schmecken direkt nach der Zubereitung am Besten, dafür sind die Garnelensuppe und das Ingwer-Sorbet schnell zubereitet. *Rezepte Seite 56–57*

Mittagessen

Wintermahlzeit

Mit welchen Lebensmitteln wir uns ernähren, hängt auch von der Jahreszeit ab: Der Winter ist eine Zeit für deftige Gerichte.

Für 12 Personen

Kartoffelsalat mit Speck

Eine kleine Menge Trüffel macht diesen Salat zu etwas ganz Besonderem; Kartoffeln nehmen ihren Geschmack sehr gut an.

Pfefferlamm mit karamellisiertem Chicorée

Pfeffer belebt die Geschmacksknospen und verstärkt das Aroma des zarten, süßlichen Fleisches.

Winterkompott mit Pflaumeneiscreme

Trockenfrüchte haben ein intensives Aroma, das im Winter gerade richtig ist. Besonders köstlich ist das Kompott, wenn es mit Pflaumeneiscreme serviert wird.

Getränke

Ein weicher roter Merlot paßt optimal zu diesem Mittagessen.

Hinweise für die Planung

Die Eiscreme kann bis zu 6 Wochen im Voraus hergestellt werden. Bereiten Sie das Kompott 2 Tage im Voraus zu, da es dann geschmacklich noch gewinnt. Stellen Sie den Kartoffelsalat am Vortag her, vor allem, wenn Sie Trüffel verwenden, damit sich das Aroma gut entfalten kann. Notfalls kann die Sauce für das Pfefferlamm ebenfalls am Vortag zubereitet werden; bewahren Sie sie abgedeckt im Kühlschrank auf. *Rezepte Seite 58–59*

Beliebtes von der Küste

Die Assoziation mit funkelndem Meer und weiß getünchten, schindelgedeckten Häusern macht diese Gerichte unwiderstehlich.

Für 6 Personen

Fischfrikadellen mit Kräutersauce

Nichts Schweres hier: nur frischer Fisch mit Mayonnaise und Kräutern, knusprig gebraten und serviert mit einer köstlichen Kräutersauce.

Blaubeertorte

Das Familienrezept meiner Freundin, Mary Lublin, kombiniert gekochte und rohe Blaubeeren in einer herben, nicht zu süßen Sauce. Das Aroma der Früchte entfaltet sich beim Essen zu voller Pracht.

Getränke

Eistee, eine erfrischende amerikanische Spezialität, ist das ideale Getränk; serviert mit oder ohne Zitrone.

Hinweise für die Planung

Der Tortenboden für die Blaubeertorte kann 2 Tage im Voraus zubereitet und in einem luftdichten Behälter aufbewahrt werden. Die Fischmischung und die Sauce für die Fischfrikadellen lassen sich einige Stunden vor der Mahlzeit zubereiten und im Kühlschrank aufbewahren. Die Frikadellen können bis zu 1 Stunde vor dem Servieren gebraten und anschließend warm gehalten werden.

Rezepte Seite 60–61

UNTER FREIEM HIMMEL FÜR 6

SALAT MIT FEIGEN UND FETA

40 MINUTEN

ZUTATEN
3 große Tomaten (vorzugsweise Fleischtomaten)
175 g Feta, zerkrümelt
6 Basilikumzweige, die Blätter fein gehackt
90 g schwarze Oliven, entsteint
8 Feigen
2 Zucchini
2 EL Balsamessig, plus extra zum Servieren
Salz und Pfeffer nach Geschmack
Brunnenkresse zum Garnieren

1 Tomaten enthäuten und vierteln, Stielansatz und Kerne entfernen und das Fleisch fein hacken. Zusammen mit Feta, Basilikum und Oliven in eine Salatschüssel geben. Sechs der Feigen würfeln und ebenfalls in die Schüssel geben.

2 Die Zucchini halbieren und der Länge nach mit einem Kartoffelschäler in Scheiben schneiden. 18 Scheiben zu festen Zylindern zusammenrollen und beiseite stellen. Die restlichen Scheiben fein hacken und zu den anderen Zutaten in die Salatschüssel geben.

3 Essig und Gewürze zum Salat geben und gut unterheben. Den Salat zugedeckt bis zum Servieren in den Kühlschrank stellen (möglichst nicht länger als 4 Stunden).

4 Kurz vor dem Servieren eine glatte, runde Ausstechform – ca. 9 cm Durchmesser – auf einen Servierteller stellen. Ein Sechstel von dem Salat in das Innere der Ausstechform füllen und leicht andrücken. Die Form vorsichtig entfernen und die restlichen Portionen ebenso anrichten.

5 Die restlichen Feigen in Scheiben schneiden und zusammen mit jeweils drei der beiseite gestellten Zucchinirollen auf jedem Salat anrichten. Mit Brunnenkresse garniert und etwas Balsamessig beträufelt servieren.

KOCHTIPP
Der Salat kann je nach der Saison verändert werden. Verwenden Sie immer Zutaten mit leuchtenden Farben und bereiten Sie sie ebenso zu.

FRISCHE PFANNENGEBRATENE SARDINEN

15 MINUTEN 10 MINUTEN 30 MINUTEN ZUM EINWEICHEN

ZUTATEN
60 g Rosinen
18 Sardinen
5 EL Mehl
Salz und Pfeffer nach Geschmack
3 EL Olivenöl
3 Knoblauchzehen, mit Schalen, mit der flachen Seite eines Messers zerdrückt
6 Schalotten, fein gewürfelt
3 Lorbeerblätter
125 ml Rotweinessig
4 EL Pinienkerne, leicht geröstet
Gemischte Salatblätter und Focaccia (s. S. 186) zum Servieren

1 Die Rosinen 30 Minuten in Wasser einweichen. Sardinen, falls nötig, ausnehmen und schuppen, die Köpfe entfernen. Die Sardinen vorsichtig in gewürztem Mehl wenden.

2 Olivenöl in einer großen Pfanne erhitzen. Knoblauch und Sardinen hineingeben und die Sardinen auf jeder Seite ca. 1½ Minuten vorsichtig braten. Die Sardinen auf einen vorgewärmten Teller legen und im Ofen warm halten.

3 Für die Sauce die Schalotten und Lorbeerblätter in dieselbe Pfanne geben und bei mittlerer Temperatur dünsten, bis die Schalotten gerade weich sind. Essig, Pinienkerne und Rosinen dazugeben und die Sauce aufkochen lassen. Den Knoblauch entfernen und wegwerfen.

4 Die Sardinen auf einem Bett aus gemischten Salatblättern anrichten und die heiße Sauce darüber geben. Mit selbst gemachtem Focaccia servieren.

KOCHTIPP
Die Sardinen schmecken ebenfalls vorzüglich, wenn sie für dieselbe Zeit auf dem Grill gebraten werden.

FRISCHE PFANNENGEBRATENE SARDINEN

AROMATISCHER OBSTSALAT

45 MINUTEN 10 MINUTEN

ZUTATEN

1 große, reife Mango, geschält
1 große Ananas, geschält
3 Passionsfrüchte (wahlweise)
Saft und abgeriebene Schale von 2 unbehandelten Limetten
6 Spritzer Angostura Bitter
Je 6 Prisen gemahlene Nelken, Piment und schwarzer Pfeffer
4 EL dunkelbrauner Zucker
6 EL dunkler Rum (wahlweise)

1 Den Backofen auf 200 °C (Gas Stufe 6) vorheizen. Mango und Ananas in Stücke schneiden. Die Passionsfrüchte – falls verwendet - halbieren und das Fruchtfleisch zusammen mit den Kernen herauslöffeln.

2 Sechs Stück Backpapier auf eine Größe von 30 x 30 cm zurechtschneiden. Jedes Quadrat diagonal falten. Öffnen und ein Blatt auf einen Teller legen. Ein Sechstel der Früchte auf die eine Seite des gefalteten Papiers legen. Einen Spritzer Limettensaft, etwas Limettenschale, einen Spritzer Angostura Bitter und eine Prise von jedem Gewürz darüber geben. Zwei Teelöffel Zucker und einen Esslöffel Rum – falls verwendet – dazugeben.

3 Die freie Hälfte Papier über das Obst legen und die Kanten doppelt umfalten. Die gefalteten Ecken des Dreiecks umknicken. Auf ein Backblech legen. Die anderen 5 Päckchen ebenso herstellen.

4 10 Minuten im Ofen backen. Die ungeöffneten Päckchen mit einem Fruchtsorbet oder mit Eiscreme servieren.

FERNÖSTLICHE AROMEN FÜR 6

BÄRENGARNELENSUPPE

30 MINUTEN — 20 MINUTEN

ZUTATEN

12–18 rohe Bärengarnelen, ca. 250 g
400 ml Wasser
400 ml Kokosmilch
1 EL Fischsauce
2 TL Zucker
Saft und abgeriebene Schale von $1\frac{1}{2}$ unbehandelten Limetten
3 frische grüne Chillies, entkernt und fein gehackt
3 Stengel Zitronengras, fein gehackt
2 Knoblauchzehen, durchgepreßt
2,5 cm Galgant, in dünne Scheiben geschnitten
6 Kaffir-Limetten-Blätter (vorzugsweise frisch), zerrupft
$1\frac{1}{2}$ EL Tamarindenmark (wahlweise)
$\frac{1}{3}$ – $\frac{1}{2}$ Gurke, in streichholzdicke Stifte geschnitten
3 EL grob gehacktes Koriandergrün, zum Garnieren

1 Die Garnelen vorbereiten (s. Schritt 1, Seite 94). Die Schalen mit Wasser, Kokosmilch, Fischsauce, Zucker, Limettensaft und Chillies in einen großen Topf geben. Zum Kochen bringen und 5 Minuten köcheln lassen. Abseihen und die Garnelenschalen wegwerfen, die Kochflüssigkeit in den Topf zurückgeben.

2 Zitronengras, Knoblauch, Galgant, Limettenblätter, Limettenschale und Tamarindenmark – falls verwendet – hinzufügen und die Suppe erneut zum Kochen bringen. 5 Minuten köcheln lassen.

3 Gurke und Garnelen dazugeben und alles weitere 2 Minuten garen. In vorgewärmten Suppentassen servieren und mit Koriandergrün bestreuen.

KOCHTIPPS

Galgant, Kaffir-Limetten-Blätter und Tamarindenmark sind in asiatischen Lebensmittelgeschäften erhältlich. Galgant kann durch 1 cm frischen, geschälten und fein gehackten Ingwer ersetzt werden. Notfalls kann die abgeriebene Schale von zwei Limetten, anstelle der Kaffir-Limetten-Blätter, verwendet werden.

BÄRENGARNELEN-SUPPE

FERNÖSTLICHE PÄCKCHEN MIT PIKANTER SAUCE

30 MINUTEN 45 MINUTEN 1 STUNDE ZUM MARINIEREN

ZUTATEN

1 EL Fischsauce
90 ml Austernsauce
3 EL helle Sojasauce
3 frische rote Chillies, entkernt und fein gehackt
5 Knoblauchzehen, fein gehackt
2,5 cm frischer Ingwer, fein gehackt
225 g Schweinefilet, gut gekühlt
2 TL Pflanzenöl
4 Schalotten, fein gewürfelt
125 g ungesalzene Cashewnüsse, grob gehackt
24 Blatt Phyllo-Teig, ca. 30 x 17 cm, ca. 250 g
90 g Butter, zerlassen
2 EL Sesamöl
1/2 TL gemahlener Zimt
1/4 TL gemahlene Muskatnuss
2 TL gemahlener Koriander
125 ml Wasser
2 EL Sherry-Essig
Saft und abgeriebene Schale von 1 unbehandelten Limette
2 TL Zucker

1 Für die Marinade Fischsauce, drei Esslöffel der Austernsauce, einen Esslöffel der Sojasauce, zwei Chillies, zwei Knoblauchzehen und Ingwer vermengen. Das Schweinefleisch in sehr dünne Streifen schneiden und in eine flache nicht-metallische Schüssel legen. Die Marinade darüber gießen, das Fleisch abdecken und im Kühlschrank 1 Stunde marinieren.

2 Das Pflanzenöl in einem Wok oder einer Pfanne erhitzen und die Schalotten pfannenrühren, bis sie leicht goldbraun sind. Schweinefleisch mit Marinade und Nüsse hinzufügen und alles weiter braten, bis das Fleisch goldbraun ist. Abkühlen lassen.

3 Den Backofen auf 180 °C (Gas Stufe 4) vorheizen. Ein Phyllo-Teigblatt auf die Arbeitsfläche legen, mit etwas zerlassener Butter bestreichen, ein zweites versetzt darauf legen und ebenfalls mit Butter bestreichen. Die Teigblätter umdrehen. Ungefähr einen Esslöffel der Schweinefleisch-Nuss-Mischung in die Mitte geben.

4 Die Teigblätter um das Fleisch herum hochnehmen, zu einem Päckchen zusammendrehen und auf ein gefettetes Backblech setzen. Ebenso elf weitere Päckchen herstellen. Die Päckchen 15–18 Minuten backen, bis sie goldbraun sind.

5 Während die Päckchen garen, die pikante Sauce zubereiten. Sesamöl in einem kleinen Topf erhitzen. Den restlichen Knoblauch sowie Zimt, Muskat und Koriander hinzufügen und leicht bräunen.

6 Den Topf vom Herd nehmen und Wasser, restliche Sojasauce, Austernsauce, Essig, Limettensaft und -schale und Zucker dazugeben. Rühren. Die Sauce zum Kochen bringen und 4–5 Minuten köcheln lassen. Die Phyllo-Päckchen mit darüber geträufelter Sauce servieren. Dazu Zuckerschoten und jungen Spargel reichen.

KOCHTIPP

Für ein attraktives Aussehen vor dem Backen jeweils zwei Stengel Schnittlauch um die Enden der Päckchen binden.

INGWER-SORBET

15 MINUTEN 10 MINUTEN 8 STUNDEN ZUM KÜHLEN UND TIEFFRIEREN

ZUTATEN

300 ml Wasser
300 g extrafeiner Zucker
500 ml Möhrensaft
Saft und abgeriebene Schale von 2 unbehandelten Limetten
5–7 1/2 cm frischer Ingwer, geschält und fein gehackt
1 Eiweiß
12 Ingwerkörbchen (s. Brandy Snaps Kochtipp Seite 182)

1 Wasser und Zucker bei mittlerer Temperatur in einem Topf erhitzen. Zum Kochen bringen, dabei rühren, bis der Zucker sich aufgelöst hat und die Flüssigkeit klar ist. Möhrensaft, Limettensaft und -schale und Ingwer hinzufügen. Abkühlen lassen, anschließend 2 Stunden in den Kühlschrank stellen, bis die Mischung völlig kalt ist.

2 Die Mischung in ein gefriergeeignetes Gefäß füllen und 3 Stunden tieffrieren, dabei nach jeder Stunde umrühren. Vor dem letzten Rühren das Eiweiß leicht schlagen und unter die Mischung heben. Das Sorbet wenigstens weitere 3 Stunden tieffrieren.

3 Das Sorbet 30 Minuten vor dem Servieren zum Weichwerden in den Kühlschrank stellen. Anschließend zwei Löffel pro Person in selbstgemachten Ingwerkörbchen servieren.

KOCHTIPP

Wenn Sie eine Eismaschine besitzen, befolgen Sie die Anweisungen des Herstellers.

WINTERMAHLZEIT FÜR 12

KARTOFFELSALAT MIT SPECK

10 MINUTEN 30 MINUTEN 12 STUNDEN ZUM MARINIEREN

ZUTATEN

2 weiße Trüffeln, frisch oder aus dem Glas (nach Belieben)
2 EL Olivenöl
350 g geräucherter Pancetta oder geräucherter durchwachsener Speck, ohne Schwarte und in Scheiben geschnitten
1,25 kg neue Kartoffeln, abgebürstet
6 Zweige frische Minze
150 ml Vinaigrette (s.S. 185)
Grüne Salatblätter zum Servieren

1 Wenn Sie frische Trüffeln verwenden, schälen Sie sie am Vortag und bewahren Sie die Schale auf. Die Trüffeln luftdicht verpackt im Kühlschrank aufbewahren, bis sie benötigt werden.

2 Das Öl in einer Pfanne erhitzen. Pancetta oder Speck und Trüffelnschale – falls vorhanden – hineingeben und goldbraun anbraten. Den Speck herausnehmen und auf Küchenpapier entfetten. Die Trüffelnschalen wegwerfen.

3 Kartoffeln und Minze in Salzwasser 12–15 Minuten, bis die Kartoffeln gerade gar sind, kochen. Abgießen.

4 Wenn die Kartoffeln etwas abgekühlt sind, in 1/2 cm dicke Scheiben schneiden. In eine große nicht-metallische Schüssel geben. Mit Speck bestreuen und die Vinaigrette darüber gießen. Abgedeckt über Nacht im Kühlschrank marinieren.

5 Die Trüffeln in hauchdünne Scheiben schneiden. Kartoffeln und Speck mit der Vinaigrette und den Trüffeln auf einem Salatbett anrichten.

KOCHTIPP

Wenn Sie Trüffeln aus dem Glas verwenden, bereiten Sie die Vinaigrette mit etwas von dem Öl zu.

PFEFFERLAMM MIT KARAMELLISIERTEM CHICORÉE

30 MINUTEN 1 STUNDE

ZUTATEN

30 g getrocknete Steinpilze
500 ml heißes Wasser
60 g Butter
8 Anchovisfilets, fein gehackt
4 EL Olivenöl
2 Rücken-Schwanzstücke vom Lamm, ohne Knochen und von überschüssigem Fett befreit, je ca. 1,25 kg, die Knochen aufbewahrt
2 Knoblauchzehen, mit Schale, mit der flachen Seite eines Messers zerdrückt
750 ml Rotwein
4 EL gemischte Pfefferkörner, zerdrückt
4 EL fein gehackte, frische Minze
Tagliatelle und karamellisierter Chicorée (s. S. 187) zum Servieren

1 Die Steinpilze in einer Mühle oder einem Mörser zu einem Pulver mahlen und 30 Minuten in dem heißen Wasser einweichen. Butter und Anchovis zu einer cremigen Paste verrühren und kalt stellen.

2 In der Zwischenzeit 2 Esslöffel Öl in einer Kasserolle erhitzen. Lammknochen und Knoblauch darin braun anbraten. Nach und nach den Wein angießen und bei mäßiger Temperatur auf ca. 150 ml einkochen lassen. Die Pilzflüssigkeit hinzufügen und um die Hälfte einkochen lassen. Knochen und Knoblauch wegwerfen und die Sauce zurückbehalten.

3 Das Lammfleisch mit einem Esslöffel Öl bepinseln und in den mit der Minze vermischten Pfefferkörnern wälzen. Das restliche Öl in einer großen Pfanne erhitzen. Jedes Fleischstück rundherum scharf anbraten. Die Temperatur reduzieren und die Fleischstücke unter regelmäßigem Wenden weitere 4–8 Minuten braten, bis sie innen fast gar sind. Bei niedriger Temperatur im Ofen warm halten.

4 Die aufbewahrte Sauce in dieselbe Pfanne geben und zum Kochen bringen. Die Anchovisbutter in kleine Stücke schneiden und nach und nach an die Sauce geben, dabei jedes Mal kräftig schlagen, bis die Sauce glatt ist.

5 Das Lammfleisch in 1 cm breite Scheiben schneiden und zur Sauce servieren. Dazu karamellisierten Chicorée und Tagliatelle reichen.

WINTERKOMPOTT MIT PFLAUMENEISCREME

15 MINUTEN 30 MINUTEN 8 STUNDEN ZUM KÜHLEN UND TIEFFRIEREN

ZUTATEN

500 g Pflaumen, entsteint
500 ml Pflaumensaft
125 g extrafeiner Zucker
Saft und abgeriebene Schale von 5 unbehandelten Zitronen
600 ml Sahne, gekühlt
90 ml Armagnac oder Brandy
375 ml Portwein oder halbtrockener Sherry
10 Nelken
24 getrocknete Birnenhälften
24 getrocknete Aprikosen
12 getrocknete Feigen

1 Für die Eiscreme 300 g der Pflaumen, Pflaumensaft, Zucker und den Saft von drei Zitronen ca. 10 Minuten erhitzen, bis die Pflaumen weich sind. In einem Mixer pürieren, abkühlen lassen und anschließend wenigstens 2 Stunden in den Kühlschrank stellen.

2 Sahne, abgeriebene Schale von drei Zitronen und Armagnac oder Brandy unter das Püree schlagen. Die Mischung in einen starren, gefriergeeigneten Behälter füllen, verschließen und 3 Stunden tiefffrieren, dabei nach jeder Stunde rühren (Wenn Sie eine Eismaschine verwenden, befolgen Sie die Bedienungshinweise). Nochmal für wenigstens weitere 3 Stunde tieffrieren.

3 Für das Kompott Portwein oder Sherry, Nelken, Saft und abgeriebene Schale von zwei Zitronen und die getrockneten Früchte in einem kleinen Topf erhitzen. Nicht kochen lassen. Das Kompott in eine Schale füllen und zugedeckt über Nacht in den Kühlschrank stellen. Die Eiscreme 30 Minuten vor dem Servieren in den Kühlschrank stellen. Kompott mit zwei Kugeln Eiscreme pro Person servieren.

BELIEBTES VON DER KÜSTE FÜR 6

FISCHFRIKADELLEN MIT KRÄUTERSAUCE

BLAUBEER-TORTE

FISCHFRIKADELLEN MIT KRÄUTERSAUCE

15 MINUTEN · 35 MINUTEN · 1 STUNDE ZUM KÜHLEN

ZUTATEN

750 g geräucherter Schellfisch oder Kabeljau
125 g große, gekochte Garnelen
3 EL fein gehackter Dill, plus Spitzen zum Garnieren
10 EL fein gehackte Petersilie
250 ml Crème fraîche
4 EL Mayonnaise
Salz und Pfeffer nach Geschmack
2 TL Dijon-Senf
45 g frische, helle Semmelbrösel
30 g Butter
2 EL Pflanzenöl
Zitronenspalten zum Garnieren

1 Für die Fischfrikadellen den Fisch in einem Topf zur Hälfte mit Wasser bedecken, den Deckel auflegen und den Fisch vorsichtig 5 – 10 Minuten köcheln lassen, bis er weich ist. Abgießen und abkühlen lassen. Den Fisch zerteilen, Haut und Gräten wegwerfen.

2 In einer Küchenmaschine Fisch, Garnelen, je die Hälfte des Dills und der Petersilie, zwei Esslöffel Crème fraîche, Mayonnaise und Gewürze einige Sekunden verarbeiten, bis die Zutaten gerade vermischt sind. Die Masse zugedeckt 1 Stunde in den Kühlschrank stellen.

3 In der Zwischenzeit die Sauce zubereiten: In einer Küchenmaschine den restlichen Dill und die restliche Petersilie sowie die Crème fraîche mit Senf und etwas Gewürzen verarbeiten, bis die Sauce dicklich wird. Die Sauce in eine Schüssel füllen und zugedeckt im Kühlschrank aufbewahren, bis die Fischfrikadellen gebraten sind.

4 Die Frikadellenmischung aus dem Kühlschrank nehmen. Aus der Masse 12 runde, ca. 2 cm hohe Küchlein formen. In Semmelbröseln wälzen.

5 Butter und Öl auf zwei Pfannen mit schwerem Boden verteilen. Die Frikadellen ca. 10 Minuten braten, bis sie auf beiden Seiten goldbraun sind.

6 Die Fischfrikadellen heiß mit der gekühlten Sauce und einem grünen Salat servieren. Mit Zitronenspalten und Dillspitzen garnieren.

BLAUBEERTORTE

10 MINUTEN · 1 STUNDE · 30 MINUTEN ZUM KÜHLEN

ZUTATEN

375 g süßer Mürbeteig (s.S. 184)
750 g Blaubeeren
Saft und abgeriebene Schale von 1½ Zitronen
30 g extrafeiner Zucker
1 EL gesiebtes Stärkemehl
4 EL Wasser
Puderzucker zum Bestäuben
Crème fraîche zum Servieren

1 Für den Teigboden den Mürbeteig ausrollen und in einen Flan-Ring mit 25 cm Durchmesser drücken. Den Boden mehrmals mit einer Gabel einstechen und 30 Minuten in den Kühlschrank stellen.

2 Den Backofen auf 180 °C (Gas Stufe 4) vorheizen. Den Teig mit Backpapier belegen und mit Trockenbohnen füllen. 15 Minuten backen, bis der Teig gerade fest geworden ist. Backpapier und Bohnen entfernen. Den Teigboden weitere 15 Minuten backen, bis er goldbraun ist. Den Boden aus der Form stürzen und vollständig auskühlen lassen.

3 Während der Boden auskühlt für die Füllung die Hälfte der Blaubeeren zusammen mit Zitronensaft und -schale sowie Zucker in einem Topf erhitzen. Stärkemehl mit Wasser vermischen und zur Blaubeermischung geben. Gut unterrühren. Zum Kochen bringen, dann den Deckel auflegen und die Blaubeeren 5 – 10 Minuten köcheln lassen, bis sie weich sind.

4 Die Blaubeermischung ca. 10 Minuten abkühlen lassen, dann die restlichen Beeren unterrühren.

5 Den Boden auf einen Tortenteller legen und mit der Fruchtmischung füllen. Vollständig auskühlen lassen. Mit Puderzucker bestäuben und mit einem großen Löffel Crème fraîche servieren.

KOCHTIPP

Die gekochte Füllung kann aus tiefgefrorenen Blaubeeren bestehen, 375 g sollten aber frisch sein.

ABEND-ESSEN

Der Abend ist die beste Zeit, um Gäste einzuladen. Arbeit und andere Tagesaktivitäten sind vorbei und die Menschen können entspannen. Der Appetit ist angeregt und man freut sich auf Geselligkeit. Verschicken Sie also die Einladungen, wählen Sie ein verführerisches Menü, schmücken Sie den Tisch, bereiten Sie Speisen und Getränke vor und schließen Sie sich der Konversation Ihrer Gäste an.

Bereiten Sie das festliche Menü (Seite 74) für eine üppige und farbenfrohe Karnevalsparty (rechts) zu, zu der Sie und Ihre Gäste Masken tragen.

KARNEVAL

Feiern ist der Zaubertrank der Götter

Karneval bedeutet Belustigung, Geheimnis und Intrige. Farbe spielt dabei eine große Rolle. Ich habe Schwarz und Weiß – die Farben von Nacht und Licht – verwendet, um die richtige Atmosphäre zu erzeugen.

Nehmen Sie eine Brille, um die Augenlöcher richtig zu positionieren.

BLUMENSCHALE

Stellen Sie zwei oder drei flache, blumengefüllte Schalen auf den Tisch (s.S. 46 für die Technik). Wenn Sie an anderer Stelle weitere Blumengestecke haben, verwenden Sie teilweise dieselben Blumen; meine Auswahl wurde durch den Tafelaufsatz angeregt (S. 66–67).

Weißer Dill | *Phlox* | *Rose*

HARLEKINMASKEN

Sie sind einfach herzustellen und passen zum Geschirr. Legen Sie eine neben jedes Gedeck.

1 Ziehen Sie eine Mittellinie. Zeichnen Sie ein 20 cm langes Oval. Entwerfen Sie eine Hälfte der Maske, schneiden Sie sie aus, falten Sie sie an der Mittellinie und pausen Sie sie ab.

2 Schneiden Sie die Schablone vollständig aus und verwenden Sie diese anschließend, um so viele Masken auf festem Karton aufzuzeichnen, wie Sie benötigen.

3 Sprühen Sie Farbstreifen in einem gut belüfteten Raum erst in die eine, dann in die andere Richtung auf die Maske, so dass Rauten entstehen. Kleben Sie einen Holzstab an jede Maske.

Sprühen Sie Streifen zwischen zwei Stück Pappe.

SILBERNE SCHLEIFE
Spitzenartige Silberbänder verleihen diesem formelleren Gedeck Glanz.

SCHWARZER STEINTISCH
Eine dunkle Oberfläche wie bei diesem Stein (oder ein schwarzes Tischtuch) bilden einen guten Hintergrund für weiße Sets.

BLUMENSCHALE
Ein Suppenteller, der zum selben Geschirr gehört, lässt Blumen auf dem Tisch sehr gut zur Geltung kommen.

GROSSER TAFELAUFSATZ

Der Tafelaufsatz war zur Jahrhundertwende eine modische Dekoration in der Mitte des Esstisches oder auf einer Anrichte. Er war meist aus Glas, häufig ziseliert, mit mehreren Etagen, die eine üppige Auswahl an Früchten, Blumen und Bonbons trugen. Hier habe ich meinen eigenen Tafelaufsatz aus zwei gläsernen Kuchentellern mit Fuß und einer kleinen kelchförmigen Glasvase improvisiert.

1 Befestigen Sie einen kleinen Kuchenteller mit Fuß mit Haftmasse auf einem größeren. Befestigen Sie eine wassergefüllte Vase oder ein Glas in Flötenform auf dem kleineren Kuchenteller mit Fuß.

2 Befestigen Sie Steckhalter mit Haftmasse auf den Kuchentellern. Knüpfen Sie kleine Trauben Wein an die Enden mehrerer Drähte, die Sie dann über die Kuchenteller hängen.

3 Achten Sie darauf, dass die Steckhalter fest an der richtigen Stelle haften, bevor Sie kleine, mit Wasser vollgesogene Blöcke Kunststoffmoos darauf befestigen; Haftmasse hält nicht auf feuchten Oberflächen.

4 Stecken Sie Blätter und Blumen in das Moos. Beginnen Sie dabei mit größeren Exemplaren auf der unteren Ebene. Arbeiten Sie sich um das Gesteck herum und gehen Sie dann zur nächsten Ebene über.

5 Richten Sie Blumen und Blätter in der Vase aus. Stecken Sie anschließend Gräser mit in die Vase, um einen Springbrunneneffekt (s. rechts) zu erzielen. Füllen Sie am Schluss verbliebene Lücken aus.

ANGENEHMER DUFT
Elegantes, leicht wippendes Bärengras schafft einen Springbrunneneffekt, und der Duft der Rosen sorgt für Wohlbehagen.

FARBGESTALTUNG
Die Farben Ihres Geschirrs sollten die Wahl der Blumen beeinflussen. Ich habe Weiß mit dunklem Rot und Grün gewählt, was einen Kontrast zum schwarz-weißen Service von S. 64 bildet.

GLASTURM
Mein Tafelaufsatz steht fest auf der breiten Glasbasis. Achten Sie darauf, dass der Turm gut ausbalanciert ist.

KAMINABEND

»...Behagliche Atmosphäre, lauschige Gespräche

Gutes Essen in einer gemütlichen Umgebung schafft den richtigen Rahmen für nette Gespräche. Brennende Kerzen und ein knisterndes Kaminfeuer sorgen für eine angenehme Stimmung.

KORB MIT KERZEN

Blumen, Samen, Nüsse und Gewürze harmonisieren in diesem Dekorationskorb mit Kerzen in ähnlichen Farben.

HOLZTISCH
Dieser grob bearbeitete Holztisch paßt gut zu den anderen warmen, erdigen Tönen.

1 Legen Sie drei Fächer eines Besteckkastens mit Plastikfolie aus. Befestigen Sie vier Kerzen mit Haftmasse irgendwo in dem Kasten. Binden Sie ein Bündel Zimtstangen mit Bast zusammen.

2 Schneiden Sie feuchte Moosstücke zu, die in die Fächer zu den Kerzen passen. Füllen Sie die Fächer mit Nüssen, Litschis und Zimtstangen.

3 Stecken Sie frische Rosen und Sonnenhut ohne Blütenblätter, deren Stiele auf 2,5 cm gekürzt wurden, dicht an dicht in das nasse Moos. Mit Nüssen und Litschis auffüllen, um das Gesteck zu vervollständigen (oben). Befeuchten Sie das Moos regelmäßig.

häusliches Glück« WILLIAM COWPER 1731–1800

KERZE MIT ZIMTSTANGEN

Stellen Sie eine Kerze mit einer Umrandung aus Zimt an jeden Platz. Machen Sie in die Mitte eines Bindfadens eine Schlaufe, stecken Sie eine Zimtstange hinein und machen Sie wieder eine Schlaufe, in die Sie eine Zimtstange stecken. Fahren Sie so fort, bis die Umrandung lang genug ist. Binden Sie eine Schleife durch die erste Schlaufe.

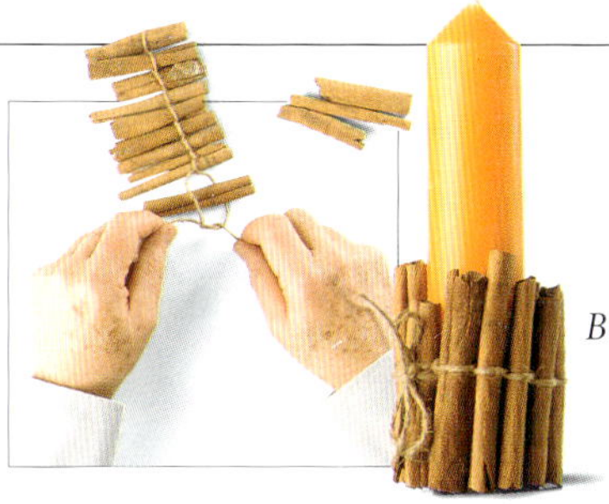

BESTECKBÄNKCHEN

Um das Zwanglose des Essens zu unterstreichen, nehmen Sie dasselbe Besteck für alle herzhaften Gänge. Ein Dreibein aus Zimtstangen ist ein attraktives Bänkchen zur Besteckablage zwischen den Gängen.

FRÜHLING

Eine verzauberte Zeit neuerwachter Freuden

Frühlingshimmel, Blumen und neue Blätter mit ihren frischen Farben geben den Appetit anregenden Hintergrund für leichte, delikate Mahlzeiten ab.

Das marmorierte Papier zu Tisch- oder Speisekarten zuschneiden oder falten, so dass es zu Ihrem gedeckten Tisch passt.

KARTEN AUS MARMORIERTEM PAPIER

Stellen Sie individuelle Tisch- oder Speisekarten mit selbst hergestelltem, marmorierten Papier, das zu Ihrem Tisch passt, her.

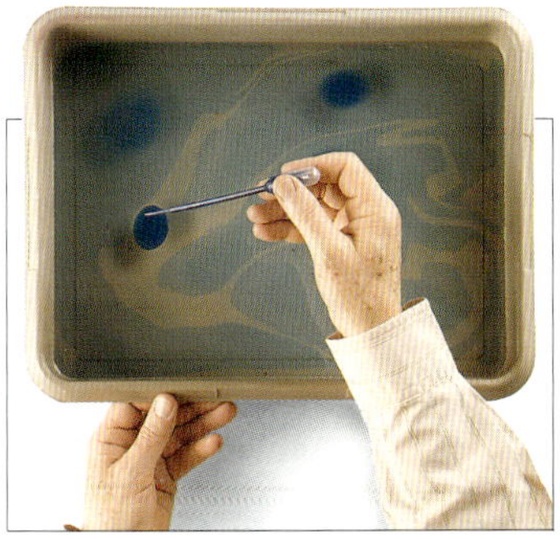

1 Füllen Sie eine flache Schale halbvoll mit Wasser und drei Esslöffeln Essig. Tropfen Sie sechs Tropfen der ersten Farbe hinein.

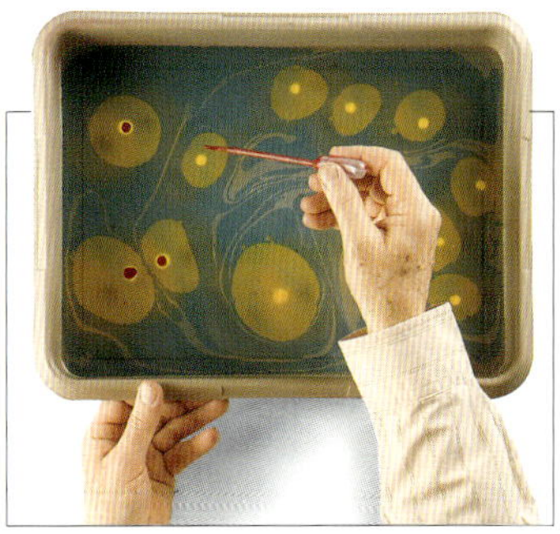

2 Ungefähr die doppelte Menge der zweiten Farbe hineintropfen lassen, dann eine dritte Farbe auf diese Tropfen setzen.

3 Variieren Sie die Anzahl (und die Menge) der Farben. Die Farben vorsichtig mit einem Spieß zu einem Muster verziehen.

4 Nehmen Sie ein Blatt möglichst saugfähiges Papier ohne Plastikbeschichtung. Es muss komplett in die Schale passen.

5 Legen Sie das Papier flach auf das Wasser; es wird sich fast sofort aufrollen. Herausnehmen, mit der marmorierten Seite nach oben zum Trocknen auslegen und anschließend glatt bügeln.

Frühlingsfarben
Teller mit verschiedenen, frischen Farben verleihen dem Tisch ein frühlingshaftes Aussehen.

Marmorierte Tischkarten
Marmorierte Tischkarten vereinen die Elemente auf dem Tisch, indem sie die Farben von Geschirr und Besteck wiederholen.

Frische Blumen
Einzelne Tulpen in Vasen sind eindrucksvoll, wenn sie mit Kerzen zusammengestellt werden, die zum Geschirr passen.

BLUMENSCHMUCK FÜR DEN FRÜHLING

Die ersten Frühlingsblumen machen gute Laune und müssen einfach zur Schau gestellt werden. Dieses Tischarrangement mit Kerzen und Einzelvasen bringt die wächserne Schönheit von Tulpen gut zur Geltung. Falls der Platz in der Mitte des Tisches für das Arrangement nicht ausreicht, stellen Sie eine Vase zu jedem Gedeck.

1 Viele Tulpen können »geöffnet« werden; es ergibt sich dadurch ein lilienartiger Effekt. Drehen Sie den unteren Teil des Blütenblattes direkt über dem Blütenansatz nach hinten.

2 Achten Sie darauf, die Blütenblätter nicht zu beschädigen, wenn Sie sie nach hinten rollen; streichen Sie sie dabei vorsichtig mit den Fingern glatt.

BLUMEN
Frische Frühlingsfarben – Gelb, Weiß, Pastellrosa und Lindgrün – verleihen diesem Arrangement Glanz und unterstreichen die Tischgestaltung auf S. 70/71.

KERZEN & KERZENHALTER
Tulpenförmige Kerzenständer passen zu den Kerzen. Die Kerzen sind in den Frühlingsfarben Rosa, Grün und Gelb gehalten.

EINZELARRANGEMENTS
Wenn Ihr Tisch zu klein für ein Tablett ist, sind zwei Tulpen in einer Einzelvase bei jedem Gedeck genauso reizvoll.

MENÜS (1)

»Ein köstliches Abendessen und eine schöne Feier

GLANZVOLLES FEST

Wenn Sie nicht in Rio de Janeiro oder Venedig sein können, kreieren Sie Ihre eigene Faschingsfeier. Verkleiden Sie sich und tragen Sie Masken!

Für 6 Personen

GEBRATENE BIRNEN & PARMASCHINKEN

Birnen sind ein ungewöhnlicher Partner für Parmaschinken; Einfaches und Glanzvolles elegant kombiniert.

JAKOBSMUSCHELN MIT MANGOLD

Zarter Geschmack und feine Konsistenz wetteifern um die Vorherrschaft.

SCHOKOLADENTORTE

Sicherlich nichts für Schwache, versetzt diese Torte doch die härtesten Schokoholics in Verzückung.

GETRÄNKE

Servieren Sie einen guten, weißen Burgunder zur Vorspeise und dem Hauptgericht und einen Muscat de Beaumes-de-Venise zur Schokoladentorte.

HINWEISE FÜR DIE PLANUNG

Bereiten Sie die Schokoladentorte am Vortag zu. Sie können Reste bis zu 4 Tage im Kühlschrank aufbewahren. Die gebratenen Birnen können ebenfalls am Vortag zubereitet und abgedeckt im Kühlschrank aufbewahrt werden; der Parmaschinken sollte bei Zimmertemperatur serviert werden. Bereiten Sie das Mangoldgemüse ungefähr 1 Stunde im Voraus zu und erhitzen Sie es, während die Jakobsmuscheln garen. *Rezepte Seite 80–81*

AUFWENDIGE PARTY

Ihre Gäste werden begeistert sein von diesem üppigen Menü, das mit einem leichten Nachtisch abgerundet wird.

Für 12 Personen

KRABBENTÖRTCHEN MIT LAUCHPÜREE

Das Püree aus Lauch und Sherry paßt ausgezeichnet zu den cremigen Krabbentörtchen.

ENTENBRUST MIT KUMQUATSAUCE

Diese Variante der traditionellen Ente mit Orange hat eine pikante, süß-saure Sauce mit Kumquats.

SOMMERFRÜCHTE MIT CRÈME FRAÎCHE

Ein großartiger Sommernachtisch, einfach und höchst delikat.

GETRÄNKE

Trinken Sie einen guten, leicht gekühlten Verdicchio zu den Krabbentörtchen und einen fruchtigen cru Beaujolais, etwa einen Brouilly oder Fleurie, zur Ente. Versuchen Sie einen Pineau de Charentes zu den Sommerfrüchten.

HINWEISE FÜR DIE PLANUNG

Bereiten Sie das Lauchpüree zu und bewahren Sie es abgedeckt im Kühlschrank auf. Die Küchlein können bei mittlerer Temperatur im Ofen erhitzt werden. Bereiten Sie die Kumquatsauce und die Entenbrüste zu und heben Sie beides im Kühlschrank auf. Erhitzen Sie die Sauce, während die Ente gart. Die Crème-fraîche-Mischung auf den Früchten verteilen; gegrillt werden die Früchte jedoch erst kurz vor dem Essen. *Rezepte Seite 82–83*

erfreuen Jedermann« SAMUEL PEPYS 1663–1703

INTIMES ABENDESSEN

Ein ganz besonderes Mahl für zwei mit Hummer als Hauptgericht.

Für 2 Personen

KRÄUTEROMELETT MIT KAVIAR

Federleicht, mit einem Hauch von Trüffeln, mit Kaviar bestreut.

HUMMER MIT GEBACKENEN FEIGEN

Die Verbindung von Geschmack und Konsistenz ist himmlisch. Das Gericht sieht darüber hinaus auch noch wunderbar aus.

ORANGEN- UND GRAPEFRUITSORBET

Zwei Sorbets mit ungewöhnlichen Zutaten.

GETRÄNKE

Spitzenchampagner gefolgt von noch mehr Champagner. Für diejenigen, die Champagner nicht so lieben, ist ein grand oder premier cru Chablis die Alternative.

HINWEISE FÜR DIE PLANUNG

Die Sorbets können bis zu 6 Wochen im Voraus hergestellt werden. Die Sauce für den Hummer kann bis zu 4 Stunden im Voraus zubereitet und dann erhitzt werden. Bereiten Sie alle Zutaten für das Omelett vor, das direkt nach der Zubereitung gegessen werden muss. Vorspeise und Hauptgericht sollten nur für zwei Personen zubereitet werden. *Rezepte Seite 84–85*

EXOTISCHER ABEND

Alle Gerichte sind fein, aber auf interessante Weise abgeschmeckt und fügen sich zu einem ausgeglichenen, exotischen Menü zusammen.

Für 6 Personen

JAKOBSMUSCHELN MIT PFEFFER

Die pfeffrigen Jakobsmuscheln begleiten zwei farblich unterschiedliche Saucen.

LAMM-TAGINE MIT COUSCOUS

Zartes, junges Lammfleisch gefüllt mit einer Mischung aus Gewürzen, Kräutern und Pflaumen.

KOKOS-SAFRAN-EISCREME

Eine traumhaft cremige Zusammenstellung mit unwiderstehlichem Geschmack und Konsistenz.

GETRÄNKE

Zu den Muscheln macht sich ein australischer Chardonnay mit Eichenfassnote und Butteraroma ausgezeichnet und zur Tagine passt ein komplexer, reichhaltiger, würziger Shiraz aus Australien. Reichen Sie einen gekühlten, süßen weißen Portwein zu der Eiscreme.

HINWEISE FÜR DIE PLANUNG

Die Eiscreme kann bis zu 6 Wochen vor dem Verzehr hergestellt werden. Falls nötig kann die Füllung für das Lammfleisch im Voraus zubereitet werden. Die beiden Saucen für die Jakobsmuscheln lassen sich ebenfalls vorher herstellen und mit Klarsichtfolie abgedeckt im Kühlschrank aufbewahren. Zum Servieren werden sie dann erhitzt. *Rezepte Seite 86–87*

MENÜS (2)

»Verflucht sei der Koch, dessen Saucc keinen Biss

FRÜHLINGSMENÜ

Die frischen und klaren Aromen des Frühlings sind in diesem unwiderstehlichen Menü enthalten.

Für 6 Personen

RUCOLASUPPE

Rucola ist im Frühling am süßesten und schärfsten.

ESTRAGONHUHN

Gegrillte Hühnerbrüste werden mit einer verführerischen Estragonsauce überzogen.

LIMETTEN-MINZ-GELEE

Ein kühler, angenehm duftender Abschluss, der auch noch wunderschön aussieht.

GETRÄNKE

Ein Chardonnay mit leichter Eichenfassnote ist ein perfekter Wein zu diesem Menü. Beenden Sie es mit einem leicht süßen Gewürztraminer.

HINWEISE FÜR DIE PLANUNG

Das Limetten-Minz-Gelee kann bis zu 2 Tage im Voraus zubereitet und im Kühlschrank aufbewahrt werden. Bereiten Sie die Rucolasuppe bis zu 8 Stunden im Voraus zu. Die Sauce für das Huhn kann bis zu 8 Stunden im Voraus hergestellt und mit Klarsichtfolie abgedeckt im Kühlschrank aufbewahrt werden. Sie wird im letzten Moment vorsichtig erhitzt. *Rezepte Seite 88 – 89*

SOMMERMENÜ

Ein Garten ist ein wunderschöner Ort für eine Hochsommerparty. Die Zutaten dieses Menüs sind leicht und verführerisch aromatisch.

Für 6 Personen

LINSENSALAT MIT BRIE

Die ländlichen Aromen dieses Gerichts versetzen einen sofort in sonnige Gefilde.

FORELLE MIT STACHELBEERSAUCE

Ein leckerer Fisch: feucht, aber nicht ölig mit einem feinen, delikaten Aroma.

ERDBEERTORTE

Mit Walderdbeeren hergestellt, ist diese Torte etwas ganz Besonderes.

GETRÄNKE

Servieren Sie einen premier cru Chablis oder einen Puligny-Montrachet zu diesem Menü. Wenn Sie den Wilderdbeerwein Fragolini bekommen können, wäre ein Glas davon zur Torte göttlich.

HINWEISE FÜR DIE PLANUNG

Der Boden für die Erdbeertorte kann 2 Tage im Voraus gebacken und in einer luftdichten Dose aufbewahrt werden. Bereiten Sie die Linsen für den Salat bis zu 24 Stunden im Voraus zu. Auch die Stachelbeersauce kann 1 Tag im Voraus hergestellt und mit Klarsichtfolie abgedeckt im Kühlschrank aufbewahrt werden. Vor dem Servieren wird sie erhitzt. *Rezepte Seite 90 – 91*

hat« GEOFFREY CHAUCER c. 1340–1400

VEGETARISCH

Eine tolle Mischung von Aromen in einem Menü, das Geschmack und Konsistenz virtuos einsetzt.

Für 6 Personen

SUPPE AUS GEBACKENEN TOMATEN

Das Aroma der Tomaten wird durch das Backen noch intensiver und gibt der Suppe einen zusätzlichen Kick.

SOUFFLÉS MIT BLAUSCHIMMELKÄSE

Ein federleichtes, pikantes Soufflé, kombiniert mit der nussigen Süße von Mangold und Spargel.

KAFFEETÖRTCHEN MIT SCHOKOLADENTRÜFFEL

Ein Nachtisch mit einer kleinen Überraschung.

GETRÄNKE

Ein körperreicher Rosé von der Rhône wie etwa ein Tavel oder Lirac passt gut zur Suppe und ergänzt die Eier und den Käse des Soufflés. Zu dem gehaltvollen Nachtisch wird idealerweise ein Gewürztraminer serviert.

HINWEISE FÜR DIE PLANUNG

Die Suppe aus gebackenen Tomaten kann 24 Stunden im Voraus zubereitet werden. Lassen Sie sich nicht von Soufflés einschüchtern – diese funktionieren immer. Achten Sie nur darauf, dass die Gäste bei Tisch sind, damit die Soufflés gegessen werden können, sobald sie aus dem Ofen kommen. *Rezepte Seite 92–93*

MEERESFRÜCHTE

Wählen Sie sehr frische Zutaten für dieses köstliche Abendessen.

Für 6 Personen

GARNELEN IN CIDRE

Die süßlichen Garnelen und der trockene Cidre sind ein harmonierendes Paar.

THUNFISCHSTEAKS MIT RHABARBER

Der robuste und fette Thunfisch hebt sich gut gegen den herben Rhabarbergeschmack ab.

MANGO-SYLLABUB MIT MANDELBISKUITS

Ein altes Rezept mit dem Geschmack der neuen Frucht. Die Mandelbiskuits sind dazu delikat.

GETRÄNKE

Trinken Sie Cidre oder einen herben Apfelsaft zu den Garnelen. Servieren Sie einen Sémillon-Chardonnay aus Australien zum Thunfisch und einen süßen Riesling zum Nachtisch.

HINWEISE FÜR DIE PLANUNG

Das Syllabub kann bis zu 24 Stunden im Voraus zubereitet werden. Backen Sie die Biskuits am Vortag und bewahren Sie sie in einem luftdichten Behälter auf. Bereiten Sie die Garnelen bis zu 1 Stunde im Voraus zu und halten Sie sie im Ofen warm. Der Thunfisch kann ebenfalls 1 Stunde im Voraus zubereitet und abgedeckt bei niedriger Temperatur im Ofen warm gehalten werden. *Rezepte Seite 94–95*

MENÜS (3)

»Entre la sopa y el amor lo primero es lo mejor«

HERBSTMAHL

Herbst ist die beste Zeit, um das reichhaltige, frische Angebot der Ernte zu genießen.

Für 6 Personen

RAGOUT AUS WILDPILZEN
Eine gute Art, das Beste aus frisch gesammelten Wildpilzen herauszuholen.

FASAN UND ÄPFEL MIT CALVADOS
Der erdige Apfelgeschmack des Calvados verleiht diesem traditionellen Gericht aus der Normandie seinen typischen Charakter.

KÄSEKUCHEN MIT SCHOKOLADE UND KAFFEE
Schokoladen- und Kaffeegeschmack ergänzen sich gut in diesem leckeren, reichhaltigen Käsekuchen.

GETRÄNKE
Ein Chardonnay mit leichter Eichenfassnote hat genug Persönlichkeit, um die gesamte Mahlzeit zu begleiten. Genießen Sie den Nachtisch mit einem Glas Madeira.

HINWEISE FÜR DIE PLANUNG
Das Pilzragout kann bis zu 12 Stunden im Voraus zubereitet, abgedeckt im Kühlschrank aufbewahrt und im letzten Moment wieder erhitzt werden. Bereiten Sie die Fasanenbrüste bis zu 2 Stunden im Voraus zu und halten Sie sie abgedeckt bei niedriger Temperatur im Ofen warm. Der Käsekuchen muss wenigstens 8 Stunden ruhen und hält sich bis zu einer Woche im Kühlschrank. *Rezepte Seite 96–97*

WINTERESSEN

Servieren Sie herzhafte Gerichte, um die Winterkälte in Schach zu halten: eine mit Safran aromatisierte Suppe, ein zartes Rinderstew und einen leichten, gedämpften Nachtisch.

Für 6 Personen

SUPPE MIT GARNELEN, SAFRAN UND LAUCH
Eine cremige Suppe mit großartigem Aroma und delikatem Geschmack.

RIND AUF FLÄMISCHE ART
Wird Rindfleisch in Bier mit Kräutern gegart, bekommt es ein angenehmes, pikant-süßliches Aroma.

GEDÄMPFTER PREISELBEERNACHTISCH
Dieser leichte, lockere Nachtisch enthält Preiselbeeren und wird mit einer Orangen-Preiselbeer-Sauce überzogen.

GETRÄNKE
Lassen Sie auf den weißen Burgunder zur Suppe einen Pinot Noir aus Burgund wie etwa einen Beaune folgen. Wählen Sie einen Süßwein, um das Mahl abzurunden.

HINWEISE FÜR DIE PLANUNG
Das Rind wird am Besten 2 Tage im Voraus zubereitet. Nach dem Schmoren im Kühlschrank aufbewahren und 30 Minuten bei mittlerer Temperatur im Ofen erhitzen. Die Suppe kann bis zum Ende von Schritt 2 vorbereitet werden. Der Nachtisch kann bis zu 8 Stunden im Voraus hergestellt werden und wird dann für 15 Minuten vorsichtig über siedendem Wasser erhitzt. *Rezepte Seite 98–99*

ANONYM (SUPPE ODER LIEBE? – DAS ERSTERE IST DAS BESSERE)

FAMILIENTREFFEN

Oft eignet sich ein traditionelles Gericht am Besten, um die Familie zu bewirten. Hier ist es also ein Menü mit Suppe, Braten und einem üppigen Nachtisch. Jeder Gang hält jedoch eine kleine Überraschung bereit!

Für 12 Personen

ITALIENISCHE KOHLSUPPE

Eine herzhafte Suppe mit Kohl, Kräutern und Käse aus Norditalien.

PIKANTER SCHWEINEBRATEN

Gewürze, Kräuter und Rum verleihen dem Braten eine karibische Note.

ZAUBERHAFTE BROMBEERTORTE

Ein wahrhaft monströser Nachtisch mit Lagen von lockerem Kuchenboden, Meringue, Sahne und Brombeeren.

GETRÄNKE

Beginnen Sie mit einem gut gekühlten Prosecco und fahren Sie mit einem Chianti Classico oder einem Chianti Rufina fort.

HINWEISE FÜR DIE PLANUNG

Der Schweinebraten muss 24 Stunden marinieren. Bereiten Sie die Meringue und den Kuchenboden am Vortag zu und bewahren Sie sie in einem luftdichten Behälter auf, setzen Sie die Torte aber erst kurz vor der Ankunft der Gäste zusammen. Schichten Sie die Suppe bis zu 8 Stunden im Voraus, gießen Sie die kochende Brühe im letzten Moment an und erhitzen Sie die Suppe anschließend. *Rezepte Seite 100–101*

LÄNDLICHES MAHL

Servieren Sie zu einer leichten und zwanglosen Mahlzeit ein interessantes Nudelgericht, gefolgt von Gemüsekebabs und einem Obstkompott.

Für 6 Personen

FETTUCINE MIT SPARGEL UND SCHINKEN

Achten Sie darauf, dass Ihre Gäste sich nicht schon an dieser leckeren Nudelvorspeise satt essen.

GEMÜSE-NUSS-KEBABS

Diese Kebabs werden meisterhaft gebraten und mit einer würzigen und pikanten Erdnusssauce serviert.

WÜRZIGE QUITTEN UND EARL-GREY-SORBET

Die Quitten, wie auch der Tee, haben ein süßliches und feines Aroma.

GETRÄNKE

Servieren Sie einen qualitativ hochwertigen, trockenen Chenin blanc aus Südafrika oder Neuseeland, gefolgt von einem leicht süßen Gewürztraminer zu den würzigen Quitten.

HINWEISE FÜR DIE PLANUNG

Bereiten Sie das Sorbet bis zu 6 Wochen und die Quitten bis zu 24 Stunden im Voraus zu. Das Gemüse für die Nudeln läßt sich abgedeckt bis zu 4 Stunden aufbewahren. Die Kebabs werden am Besten sofort nach dem Braten serviert, die Spieße können jedoch schon 2 Stunden im Voraus zubereitet und mit Zitronensaft beträufelt werden.

Rezepte Seite 102–103

INTIMES ABENDESSEN FÜR 2

KRÄUTEROMELETT MIT KAVIAR

20 MINUTEN 20 MINUTEN

ZUTATEN

4 große Eier, getrennt
4 EL fein gehackte, frische Petersilie, plus Spitzen zum Garnieren
2 EL Crème double
Salz und Pfeffer nach Geschmack
30 g Butter
1 EL Olivenöl
2 EL Kaviar oder Seehasenrogen (»Deutscher Kaviar«)

1 Eigelb mit der gehackten Petersilie, Crème double und den Gewürzen mischen.

2 Eiweiß in einer Rührschüssel schlagen, bis sich steife Spitzen bilden. Die Eigelbmischung unter das steif geschlagene Eiweiß heben.

3 Den Grill auf hohe Temperatur vorheizen. Butter und Öl auf zwei Pfannen mit 20 cm Durchmesser verteilen und erhitzen, bis die Butter gerade braun wird. Die Hälfte der Eimischung in jede Pfanne geben und den Herd auf niedrige Temperatur herunterschalten. Die Omeletts vier Minuten garen.

4 Die Omeletts in den Pfannen unter den Grill stellen und 3–4 Minuten grillen, bis sie goldbraun sind.

5 Einen Esslöffel Kaviar in die Mitte eines jeden Omeletts setzen, verstreichen und jedes Omelett zur Hälfte umklappen. Mit Petersilienspitzen garniert sofort servieren.

HUMMER MIT GEBACKENEN FEIGEN

20 MINUTEN 25 MINUTEN

ZUTATEN

4 Feigen
175 g Butter, gekühlt und in Stücke geschnitten
2 TL Balsamessig
2 x 750 g lebender Hummer
3 EL Olivenöl
2 EL Sherryessig
2 EL Wasser
1 Schalotte, fein gewürfelt
1 EL fein gehackter, frischer Dill
Salz und Pfeffer nach Geschmack
Grüne Salatblätter und Walnussdressing (s.S. 185) zum Servieren

KOCHTIPP

Zerteilen Sie den Hummer mit einem scharfen Messer mit Wellenschliff. Entfernen Sie vor dem Servieren die dunkle, fadenartige Membran.

1 Backofen auf 230 °C (Gas Stufe 8) vorheizen. Das stumpfe Ende der Feigen abschneiden und zwei zueinander rechtwinklige Schnitte durch drei Viertel einer jeden Feige machen. Jede Feige sternförmig auseinander klappen und einen Teelöffel Butter und 1/2 Teelöffel Balsamessig in die Mitte geben. Beiseite stellen.

2 Als nächstes die Hummer mit dem Kopf zuerst in einen großen Topf mit kochendem Wasser tauchen und sofort wieder herausnehmen. Die Hummer rundherum mit Öl bestreichen, anschließend auf einem Bratenblech in den Ofen schieben.

3 Die Hummer 8 Minuten braten lassen, dann die Feigen mit auf das Bratenblech zu den Hummern geben. Weitere 10 Minuten braten. Während Hummer und Feigen garen, die Sauce zubereiten.

4 Sherryessig, Wasser, Schalotte, Dill und Gewürze erhitzen. 5 Minuten köcheln lassen, bis die Schalotte weich und die Flüssigkeit fast verkocht ist.

5 Die restliche Butter bei niedriger bis mittlerer Temperatur Stück für Stück gründlich unterschlagen, bis alle Butter untergeschlagen und die Sauce sämig ist. In eine Sauciere füllen, mit Klarsichtfolie abdecken und warm halten.

6 Die Hummer der Länge nach halbieren und die Köpfe wegwerfen. Körper und Scheren auf einem Salatbett mit Walnussdressing anrichten. Mit gebratenen Feigen servieren und die Sauce darüber schöpfen.

HUMMER MIT GEBRATENEN FEIGEN

ORANGEN- UND GRAPEFRUITSORBET

25 MINUTEN 20 MINUTEN 8 STUNDEN ZUM KÜHLEN UND TIEFFRIEREN

ZUTATEN

600 ml Wasser
625 g Zucker
Saft von 12 Blutorangen, gekühlt
2 TL Angostura Bitter
Saft von 3 rosa Grapefruit, gekühlt
2 EL Ouzo
2 Eiweiß von großen Eiern
Frische Minzeblätter zum Dekorieren

1 Für das Orangensorbet jeweils die Hälfte des Wassers und des Zuckers in einem Topf erhitzen. Zum Kochen bringen; rühren, bis der Zucker aufgelöst ist. Orangensaft und Angostura Bitter dazugeben.

2 Das Grapefruitsorbet genauso herstellen, jedoch Grapefruitsaft und Ouzo anstelle von Orangensaft und Angostura Bitter verwenden. Beide Mischungen abkühlen lassen, anschließend wenigstens 2 Stunden in den Kühlschrank stellen, bis sie vollständig durchgekühlt sind.

3 Die Mischungen in zwei starre, gefriergeeignete Gefäße füllen, verschließen und 3 Stunden tiefkühlen; dabei beide Sorbets nach Ablauf jeder Stunde umrühren. Vor dem letzten Rühren die Eiweiß leicht schlagen und unterheben. Die Sorbets für wenigstens weitere 3 Stunden tiefkühlen.

4 30 Minuten vor dem Servieren pro Person zwei Löffel von jedem Sorbet in den Kühlschrank zum weich werden stellen. Mit Minzeblättern dekoriert servieren.

EXOTISCHER ABEND Für 6

Pfeffrige Jakobsmuscheln

15 Minuten 55 Minuten

Zutaten

475 ml Sahne
1/2 gelbe Paprika, in dünne Streifen geschnitten
1/2 rote Paprika, in dünne Streifen geschnitten
1 EL Paprikapulver
Saft und abgeriebene Schale von 1/2 Zitrone
Salz nach Geschmack
18 große Jakobsmuscheln, aus der Schale gelöst
2 EL milder, körniger Senf
3 EL rosa Pfefferkörner, zerdrückt
30 g Butter
2 EL Olivenöl
Grüne Salatblätter und Safranreis (s.S.187) zum Servieren

Kochtipp

Jakobsmuscheln sind eine Delikatesse, ideal für ein vertrautes Zusammensein; berücksichtigen Sie jedoch, dass sie sehr kostspielig sind, wenn Sie eine größere Einladung geben.

1 Für die Saucen die Sahne auf zwei kleine Töpfe verteilen. Die gelbe Paprika in den einen Topf, die rote Paprika und das Paprikapulver in den anderen geben.

2 Beide Saucen zum Kochen bringen, den Deckel auflegen und die Saucen 15 Minuten leicht köcheln lassen. Abkühlen lassen. Zitronensaft und -schale unter die gelbe Paprikasauce rühren, dann jede Sauce einzeln in einem Mixer pürieren, bis sie glatt ist. Abschmecken.

3 Rogen und dunkle Ränder von den Jakobsmuscheln entfernen und wegwerfen. Die Muscheln mit Küchenpapier trockentupfen. Mit Senf überziehen und in den zerdrückten Pfefferkörnern wenden.

4 Butter und Olivenöl in einer großen Pfanne erhitzen, bis die Butter gerade braun wird. Die Jakobsmuscheln nebeneinander liegend 3 Minuten sautieren, bis sie goldbraun und gerade gar sind, dabei nach der Hälfte der Zeit wenden.

5 Die Jakobsmuscheln sofort auf einem Bett aus grünen Salatblättern mit Safranreis und pro Person zwei Esslöffeln von jeder Sauce servieren.

Lamm-Tagine mit Couscous

LAMM-TAGINE MIT COUSCOUS

40 MINUTEN 2 STUNDEN

ZUTATEN

1,75 kg Lammschulter, entbeint
3 EL Olivenöl
3 Zwiebeln, fein gewürfelt
3 Knoblauchzehen, durchgepreßt
60 g frische, helle Semmelbrösel
2 frische Flaschentomaten, enthäutet und gehackt
4 EL fein gehacktes Koriandergrün
6 EL fein gehackte, frische Petersilie
Je 2 TL gemahlener Koriander, Ingwer und Kreuzkümmel
Je 1 TL gemahlene Nelken und Zimt
1 EL brauner Zucker
Saft und abgeriebene Schale von 1 unbehandelten Zitrone
125 g Pflaumen, entsteint und grob gehackt
250 ml trockener Weißwein
600 ml Gemüsefond (s.S. 185)
Salz und Pfeffer nach Geschmack
Couscous (s.S. 187) zum Servieren

1 Den Backofen auf 180 °C (Gas Stufe 4) vorheizen. Das Lammfleisch von überflüssigem Fett befreien, dabei die Haut nicht entfernen.

2 Für die Füllung zwei Esslöffel des Öls bei niedriger Temperatur in einer Pfanne erhitzen, zwei Drittel der Zwiebeln und zwei Drittel des Knoblauchs dazugeben und zugedeckt dünsten, bis sie weich sind.

3 Semmelbrösel, Tomaten, alle Kräuter und Gewürze, Zucker, Zitronensaft und -schale und Pflaumen mischen. Gegarten Knoblauch und Zwiebeln dazugeben.

4 Das Lammfleisch mit der Haut nach unten auf ein Brett legen und die Füllung darauf verteilen. Das Fleisch fest zu einem Zylinder aufrollen – die Haut liegt außen – und mit einem Faden zusammenbinden. Kleine Spieße durch das Ende der Rolle stecken, um sie zu verschließen.

5 Das restliche Öl in der Pfanne erhitzen und das Fleisch ca. 5 Minuten rundherum braun anbraten. Auf einem geölten Bratenblech auf der mittleren Schiene 1 Stunde und 15 Minuten im Ofen garen.

6 Während das Fleisch gart, die Sauce zubereiten. Die restlichen Zwiebeln und den restlichen Knoblauch in die Pfanne geben. Wein und Gemüsefond dazugießen und alle gebräunten Stücke von Pfannenboden und -rand ablösen. Die Sauce zugedeckt bei niedriger Temperatur 45 Minuten auf 300 ml einkochen lassen. Abschmecken und in eine Sauciere abseihen.

7 Das Fleisch vor dem Schneiden 15 Minuten ruhen lassen, dann mit der Sauce, Couscous und Zuckerschoten servieren.

KOCHTIPP

Wenn das Lamm zu schnell bräunt, mit Alufolie abdecken.

KOKOS-SAFRAN-EISCREME

10 MINUTEN 25 MINUTEN 8 STUNDEN ZUM KÜHLEN UND TIEFKÜHLEN

ZUTATEN

350 ml Kokosmilch
150 g extrafeiner Zucker
½ TL gemahlener Safran
4 Eigelb
500 ml Sahne, gekühlt
½ TL zerdrückte Safranfäden
100 g frisch gemahlene oder geraspelte Kokosnuss, etwas geröstet und gekühlt

KOCHTIPP

Wenn Sie eine Eismaschine haben, befolgen Sie die Bedienungsanleitung. Geben Sie die Kokosnuss die letzten 6 Minuten dazu.

1 Kokosmilch, Zucker und gemahlenen Safran in einem Topf erhitzen, dabei rühren, um den Zucker aufzulösen. Sobald die Mischung kocht, unter ständigem Rühren über die Eigelb gießen.

2 Die Mischung unter ständigem Rühren in einer hitzebeständigen Schüssel über einem Topf mit siedendem, nicht kochendem Wasser gießen. Sobald die Masse an der Rückseite eines Löffels haften bleibt (nach ca. 5 Minuten), vom Herd nehmen. Abkühlen lassen, anschließend wenigsten 2 Stunden in den Kühlschrank stellen, bis die Masse vollständig durchgekühlt ist.

3 Die gekühlte Sahne und die Safranfäden unterschlagen.

4 Die Mischung in einen starren, gefriergeeigneten Behälter füllen, verschließen und drei Stunden tiefkühlen, dabei am Ende jeder Stunde rühren. Beim letzten Rühren die geriebene Kokosnuss unterheben. Wenigstens weitere 3 Stunden tiefkühlen. Die Eiscreme 30 Minuten vor dem Servieren in den Kühlschrank stellen.

Frühlingsmenü für 6

Rucolasuppe

5 Minuten — 55 Minuten

Zutaten

1 EL Sonnenblumenöl
1 Zwiebel, grob gewürfelt
100 g Butter
3 EL Mehl
1,5 l Hühner- oder Gemüsefond (s. S. 185)
2 TL gemahlene grüne Pfefferkörner
Salz nach Geschmack
300 g Rucola
2 Eigelb
Rosinen-Oregano-Brot (s. S. 160) zum Servieren

1 Das Öl in einem großen Topf erhitzen und die Zwiebel darin weich dünsten. Die Hälfte der Butter mit dem Mehl zu einem Teig verarbeiten und diesen unter ständigem Rühren bei mittlerer Temperatur zu der Zwiebel geben. Rühren, bis das Mehl gerade gegart, aber noch nicht braun ist (ca. 3 Minuten).

2 Den Hühner- oder Gemüsefond in kleinen Portionen dazugeben und jedes Mal gut unterrühren. Wenn aller Fond verbraucht ist, Pfeffer und Salz darüber streuen, den Deckel auflegen und die Suppe unter gelegentlichem Rühren ca. 30 Minuten köcheln lassen.

3 In der Zwischenzeit den Rucola in einem großen Topf mit kochendem Salzwasser 3 Minuten garen, dann abtropfen lassen.

4 Rucola, Eigelb und die restliche Butter in einem Mixer glatt pürieren, dann eine Kelle Suppe darunter mischen. Das Püree in die Suppe zurückgießen und unter Rühren garen, bis die Suppe angedickt ist. Nicht kochen lassen. Heiß mit Rosinen-Oregano-Brot servieren.

Kochtipp

An einem warmen Sommerabend schmeckt diese Suppe gekühlt ausgezeichnet.

Estragonhuhn

10 Minuten — 45 Minuten

Zutaten

4 Schalotten, fein gewürfelt
3 EL Weißweinessig
Saft und abgeriebene Schale von 1 unbehandelten Zitrone
3 EL trockener Weißwein
325 ml Hühnerfond (s. S. 185)
1 EL zerdrückte grüne Pfefferkörner
1 Lorbeerblatt
2 TL fein gehackter, frischer Estragon
2 EL Crème fraîche
2 EL Sonnenblumenöl
6 Hühnerbrüste, ohne Haut und Knochen
Salz nach Geschmack
125 ml Estragon- oder Honigsenf
150 g frische, helle Semmelbrösel
Kleine, neue Kartoffeln und Zuckerschoten zum Servieren

1 Für die Sauce die Schalotten mit Essig, Zitronensaft und -schale sowie Wein in einen Topf geben. Zum Kochen bringen, dann 5 Minuten leicht köcheln lassen, bis die Schalotten weich sind und die Flüssigkeit fast vollständig verkocht ist.

2 Fond, Pfefferkörner, Lorbeerblatt und Estragon dazugeben und 7 Minuten köcheln lassen, dann die Crème fraîche gründlich unterrühren. Die Sauce in eine Sauciere abseihen und warm halten.

3 Den Grill auf mittlere Temperatur vorheizen. Ein Bratenblech mit Folie auslegen und einen Rost hineinlegen. Das Huhn auf beiden Seiten mit Öl bepinseln und leicht salzen, dann auf dem Rost von jeder Seite 3–5 Minuten grillen.

4 Das Bratenblech aus dem Grill nehmen und beide Seiten der Hühnerbrüste erst mit Senf überziehen und anschließend in den Semmelbröseln wenden.

5 Das Fleisch mit Öl aus dem Bratenblech bestreichen und unter dem Grill auf jeder Seite weitere 5 Minuten grillen, bis die Hühnerbrüste goldbraun und vollständig gegart sind. Die Sauce darüber schöpfen und das Estragonhuhn mit kleinen, neuen Kartoffeln und Zuckerschoten servieren.

Kochtipp

Dieses Gericht lässt sich auch sehr gut mit Perlhuhn-, Fasanen- und Putenbrust zubereiten.

LIMETTEN-MINZ-GELEE

5 MINUTEN | 40 MINUTEN | 3 STUNDEN ZUM KÜHLEN

ZUTATEN

375 ml süßer Weißwein
Saft von 3 und abgeriebene Schale von 2 unbehandelten Limetten
3 EL extrafeiner Zucker
2 EL fein gehackte, frische Minze plus ganze Minzeblätter zum Garnieren
2 EL gemahlene Gelatine
600 ml Sahne
175 g Himbeeren oder andere weiche Früchte
2 EL gesiebter Puderzucker

KOCHTIPP

Sie können auch ein pflanzliches Geliermittel anstelle der Gelatine verwenden. Auch Blattgelatine kann genommen werden. Geben Sie davon 30 g dazu oder richten Sie sich nach den Packungshinweisen.

1 Für das Gelee Wein (bis auf vier Esslöffel für die Gelatine), Saft und Schale von zwei Limetten, extrafeinen Zucker und Minze in einem Topf erhitzen. Fast zum Kochen bringen, dann vom Herd nehmen.

2 In einem kleinen Topf die Gelatine in den zurückbehaltenen Wein streuen. 5 Minuten quellen lassen. Bei sehr niedriger Temperatur unter Rühren erhitzen, bis die Gelatine aufgelöst ist. Unter die warme Weinmischung rühren.

3 Sobald die Masse Raumtemperatur hat, die Sahne unterrühren. Die Mischung in eine eingeölte Form mit 1,25 l Fassungsvermögen füllen. Wenigstens 3 Stunden kühlen (jedoch nicht länger als 48 Stunden).

4 Für die Sauce die Früchte grob zerstampfen, dabei einige ganze Früchte für die Garnierung aufbewahren, dann den Saft von einer Limette und den Puderzucker gut unterrühren. Die Sauce durch ein Haarsieb passieren.

5 Die Form leicht erwärmen, indem sie bis zum Rand in warmes Wasser gestellt wird. Das Gelee auf einen Servierteller stürzen. Die Sauce um das Gelee herum löffeln und alles mit den ganzen Früchten und den Minzeblättern garnieren.

LIMETTEN-MINZ-GELEE

6 F
Ba
3 E
4 EL
KOC
Anstell
beeren
boden
und in
wahrt

BUFFET-PARTYS

Für mehr als zwölf Gäste ist ein Buffet am Besten geeignet. Es gibt viele einfache Gerichte, die gut im Voraus zubereitet werden können oder – wenn Sie den Nervenkitzel mögen – auch nachdem Ihre Gäste eingetroffen sind. Planen Sie einen detaillierten Arbeitszeitplan – und halten Sie sich daran, kochen Sie schmackhafte Speisen, die einfach zu essen sind. Dann ist eine gesellige Feier in entspannter Atmosphäre sichergestellt.

Das Menü für das Champagnerbuffet (S. 113) mit mariniertem Lachs, Torte aus Crêpes mit Huhn und Savarin ist besonders angemessen für eine Weihnachtsfeier (rechts).

WEIHNACHTEN

Beladen Sie die Tische mit Leckerbissen – die Zeit

Übernehmen Sie die Dekorationstraditionen, die zur Weihnachtszeit gehören, oder ändern Sie sie ab, damit Ihre Weihnachtsfeier im Gedächtnis bleibt.

PERSÖNLICHE GESCHENKE
Ein Geschenk wird zu etwas ganz Besonderem, wenn es in individuelles Papier eingewickelt ist.

GESCHENKPAPIER

Stellen Sie Ihr Geschenkpapier selber her. Folgen Sie den Schritten unten oder erzeugen Sie Zufallseffekte, indem Sie das Papier vor dem Sprühen knüllen.

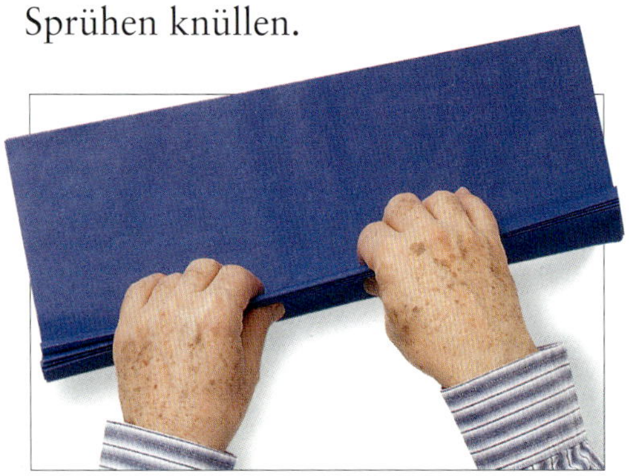

1 Um Papier mit einem klaren Karomuster zu erhalten, legen Sie ein Blatt farbiges Seidenpapier in 2 – 5 cm breite Falten. Das Muster variiert je nach Breite der Falten.

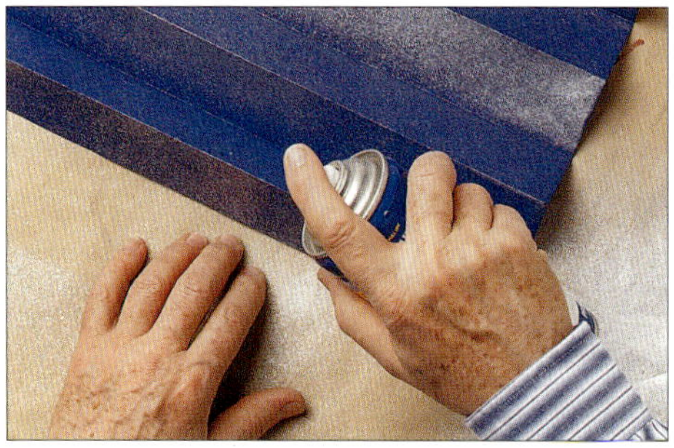

2 Legen Sie das Papier an einem gut belüfteten Ort auf Zeitungspapier. Lassen Sie die Falten sich öffnen und sprühen Sie auf die Vorderseite der Falten Farbe.

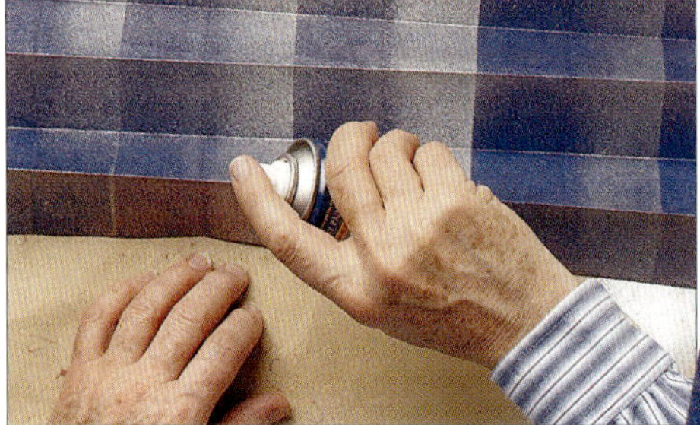

3 Lassen Sie die Farbe trocknen. Anschließend wird das Papier rechtwinklig zu den ersten Falten erneut gefaltet. Wiederholen Sie Schritt 2 – wenn Sie wollen, auch mit einer anderen Farbe.

zum Feiern ist gekommen

KASTANIENBRAUNER BROTKORB
Legen Sie einen Korb mit einer farblich passenden Serviette aus. So wird ein in Scheiben geschnittenes Landbrot sowohl zur Dekoration wie auch zum Bestandteil der Mahlzeit.

TISCHANORDNUNG
Der Tisch für das Buffet steht an der Wand. Die Dinge, die für jeden Gang benötigt werden, sind dicht beieinander. Dekorative Elemente stehen im Hintergrund, wo sie nicht stören.

ARRANGEMENT MIT FRÜCHTEN
Eine Terracottaschale, die bis zum Rand mit Früchten, einigen Kerzen und einigen einfachen Blumen gefüllt ist, ist eine imposante Dekoration.

EIN CHRISTBAUM ALS WANDSCHMUCK

Hängen Sie diesen, mit Früchten und Lichtern geschmückten Christbaum wie ein Bild an die Wand. Der Rahmen und die Abdeckung aus Maschendraht lassen sich leicht zusammenbauen und können jedes Jahr wieder verwendet werden, nur das Moos und die Zweige müssen erneuert werden. Hängen Sie auch Nüsse, Schokolade und gekaufte Dekorationen an den Baum.

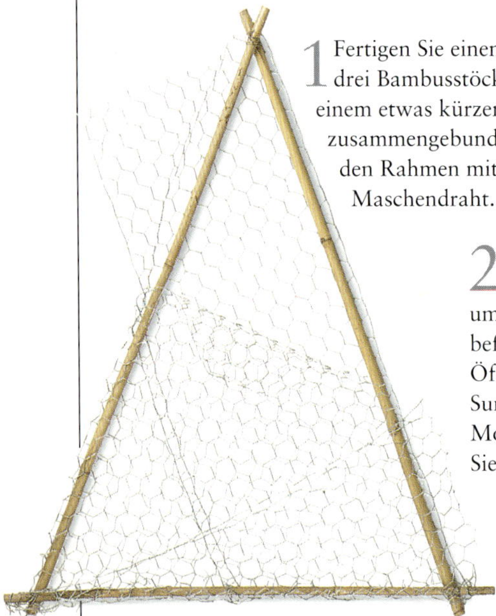

1 Fertigen Sie einen dreieckigen Rahmen aus drei Bambusstöcken (zwei gleichlangen und einem etwas kürzeren), die mit Blumendraht zusammengebunden werden. Bedecken Sie den Rahmen mit einer doppelten Lage Maschendraht. ◁

2 Verbinden Sie die offenen Seiten des Maschendrahts, um den Draht am Rahmen zu befestigen, lassen Sie aber eine Öffnung zum Einfüllen von Sumpfmoos. Füllen Sie Moos ein und schließen Sie die Öffnung. ▷

Das Moos muss fest, aber nicht zu dicht gestopft werden.

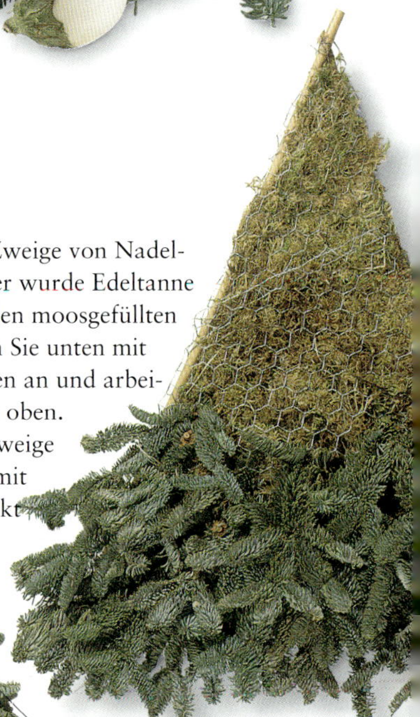

3 Stecken Sie Zweige von Nadelbäumen – hier wurde Edeltanne verwendet – in den moosgefüllten Rahmen. Fangen Sie unten mit größeren Zweigen an und arbeiten Sie sich nach oben. Lassen Sie die Zweige überlappen, damit alles gut bedeckt ist. ▷

4 Stechen Sie einen Draht durch jede Frucht, machen Sie an einem Ende einen Haken und ziehen Sie den Draht vorsichtig zurück in die Frucht. Stechen Sie das freie Drahtende von vorne durch den Rahmen; biegen Sie den Draht um, damit die Frucht hält. ▷

5 Machen Sie mit einem Bleistift Löcher für die Lichterkette. Beginnen Sie an der Spitze des Baumes und stecken Sie jede Lampe von hinten durch. Die Schnur bleibt auf der Rückseite und das Ende mit dem Stecker befindet sich in der Nähe des Stammes. ▷

Befestigen Sie oben einen Aufhänger.

Befestigen Sie mit Draht ein Stück Rinde als Stamm.

WEIHNACHTS-
TANNEN
Auch wenn Nadelbäume wie die hier verwendete Edeltanne normalerweise mit Weihnachten in Verbindung gebracht werden, sorgen andere immergrüne Pflanzen wie etwa Lorbeer und Skimmie für eine reizvolle Abwechslung.

DEKORATIONEN
Der Baum ist mit Limetten, Rispentomaten und weißen Auberginen behängt. Sie können ausgewechselt werden, wenn sie welk aussehen.

IM FREIEN

»Die einfachen Gerichte sind oft die Besten« GEORGE

Servieren Sie ein leckeres und entspanntes Buffet zur Mittagszeit in Ihrem Garten, wenn es das Wetter zuläßt. Platzieren Sie es im Schatten in der Nähe des Hauses, damit heiße Speisen auf dem Weg zum Tisch nicht zu stark abkühlen.

Schüssel aus Eis

Schüsseln aus Eis sind sehr schön und dennoch einfach herzustellen. Sie halten sich über eine Stunde im Schatten, nachdem sie aus dem Tiefkühlfach herausgenommen wurden.

1 Setzen Sie eine Schüssel in eine andere, die 3–4 cm größer im Durchmesser ist. Füllen Sie die äußere Schüssel zur Hälfte mit Wasser und fügen Sie etwas Milch oder Lebensmittelfarbe für einen mattierten Effekt hinzu.

2 Füllen Sie die innere Schüssel langsam mit Wasser, so dass die beiden Schüsselränder auf gleicher Höhe sind. Zentrieren Sie die innere Schüssel und fixieren Sie sie anschließend mit Klebeband.

3 Stecken Sie ungiftige Pflanzen in das Wasser und stellen Sie die Schüsseln wenigstens 8 Stunden ins Gefrierfach. Gießen Sie kaltes Wasser in die innere Schüssel und tauchen Sie die äußere Schüssel teilweise in kaltes – nie warmes – Wasser. Nehmen Sie die Eisschüssel nach einer Minute heraus.

BUFFETTISCH
Der Tisch ist so zwanglos gedeckt, dass die Gäste sich mit allen Gängen selbst bedienen können. Wein und Gläser stehen an einem Ende, weg von den Speisen, so dass leicht nachgeschenkt werden kann.

AUGUSTE ESCOFFIER 1846–1935

TOPF MIT CHILLIES
Füllen Sie kleine Terrakottatöpfe mit Chillies, die wie ein Springbrunnen aus einem Kranz Hebe pinguifolia hervorschauen. Da die Töpfe klein sind, überfrachten sie den Tisch nicht.

GEFRORENE SERVIERSCHÜSSEL
Eine Schüssel aus Eis ist ein passendes und attraktives Gefäß zum Servieren von Sorbets und Eiscreme. Füllen Sie sie direkt vor dem Servieren mit Kugeln weicher Eiscreme.

MENÜS

Stöhnen die Tische unter dem Gewicht der Speisen,

GEBURTSTAGSPARTY

Ein herzhaftes Cassoulet ist für sich allein schon eine komplette Mahlzeit, runden Sie es aber für eine besondere Feier mit dem leichtesten der Geburtstags-Schokoladenkuchen ab.

Für 18 Personen

CASSOULET

Gartenbohnen und zartes Fleisch, mit Kräutern aromatisiert, ergeben dieses ungewöhnliche Gericht aus Südwestfrankreich.

SCHOKOLADEN-GEBURTSTAGSKUCHEN

Dieser wunderschön dekorierte Kuchen ohne Mehl ist gleichzeitig gehaltvoll und doch leicht.

GETRÄNKE

Schenken Sie zum Cassoulet einen guten, trockenen Graves aus, der aus derselben Gegend Frankreichs stammt. Ein halbtrockener Champagner zum Geburtstagskuchen ist gleichzeitig sehr lecker und eignet sich gut zum Anstoßen.

HINWEISE FÜR DIE PLANUNG

Das Cassoulet gewinnt mit der Zeit; stellen Sie es abgedeckt einige Tage in den Kühlschrank. Erhitzen Sie es bei mäßiger Temperatur im Ofen, bevor es gegessen werden soll. Wenn das Cassoulet trocken scheint, geben Sie während des Garens genug Weißwein dazu, so dass es gerade feucht ist. Der Kuchen mit seinem Schokoladenüberzug sollte innerhalb von 2 Tagen gegessen werden. *Rezepte Seite 114–115*

ITALIENISCHES BUFFET

Ein vegetarisches Nudelgericht und eins mit Meeresfrüchten, gefolgt von Eiscreme in Schalen aus Eis, sind ein farbenfrohes Menü für eine kleine Buffetparty.

Für 12 Personen

FETTUCINE MIT BROCCOLI & PINIENKERNEN

Ein farbenfrohes Nudelgericht mit dem herben Geschmack der Zitrone.

PAPPARDELLE MIT GARNELEN UND PILZEN

Dieses Gericht vereint Geschmack und Konsistenz auf köstliche Art und Weise.

KAFFEE-AMARETTO-EISCREME

Die cremige Verbindung von Kaffee und Mandel ist nicht zu süß.

GETRÄNKE

Ein trockener Prosecco aus Venetien vervollständigt die Nudelgerichte. Servieren Sie einen süßen Vin Santo zum Eis – besonders gut macht sich der mit Aprikosenaroma.

HINWEISE FÜR DIE PLANUNG

Stellen Sie die Eiscreme bis zu 6 Wochen im Voraus her. Die beiden Saucen für die Nudeln können bis zu 8 Stunden im Voraus zubereitet werden; erhitzen Sie sie schnell in dem Nudeltopf, während die Nudeln abtropfen. Nudeln schmecken direkt nach dem Kochen am Besten. Servieren Sie Nudeln und Sauce in vorgewärmten Schüsseln. Die Garnelen dürfen erst im letzten Moment gegart werden. *Rezepte Seite 116–117*

sind die Gäste glücklich

Champagnerbuffet

Ein festliches Trio eleganter Gerichte, die im Voraus für eine besondere Gelegenheit zubereitet werden können.

Für 18 Personen

Marinierter Lachs
Selbst zubereiteter Graved Lachs mit einer köstlichen Kräuter-Senf-Sauce.

Torte aus Crêpes mit Huhn
Ein Aufbau aus Crêpes, geschichtet mit Hühnerfleisch, Schinken und Spargel in einer cremigen Weinsauce.

Savarin mit frischen Früchten
Ein Ring aus süßem Hefebrot, mit Rum getränkt und mit frischen exotischen Früchten gefüllt.

Getränke
Dieses Menü fordert Champagner. Reichen Sie vor der Mahlzeit Champagner-Cocktails (Rezept s.S. 135), gefolgt von einem edlen Champagner zum Lachs und der Crêpetorte. Ein feiner Sauternes passt hervorragend zum Savarin.

Hinweise für die Planung
Die Crêpetorte kann nach dem Backen im Ganzen bis zu 6 Wochen eingefroren werden. Lassen Sie sie vollständig auftauen, bevor Sie die Torte im Ofen für 30 Minuten erwärmen. Stellen Sie den Savarin bis zu 2 Tage im Voraus her, da er durch das längere Einweichen im Rumsirup gewinnt. Er kann bis zu 6 Wochen eingefroren werden (ohne Sirup). *Rezepte Seite 118 – 119*

Buffet zur Mittagszeit

Dieses leichte Buffet wird am Besten an einem Sommertag im angenehmen Halbschatten serviert.

Für 12 Personen

Haferkekse & Käse
Leichte Kekse, gereicht zu einer Käseplatte.

Schweinelendchen mit Thunfischsauce
Diese ungewöhnlich klingende Kombination schmeckt außergewöhnlich lecker und wird kalt gegessen.

Westindisches Punschgelee
Ein attraktives Gelee mit dem Geschmack von exotischen Früchten und Rum.

Getränke
Wählen Sie zum Käse und zum Fleisch einen Semillon Chardonnay und zum Gelee einen süßen Muskat. Der Muskat mit Orangenaroma ist mein persönlicher Favorit.

Hinweise für die Planung
Backen Sie die Haferkekse am Vortag und bewahren Sie sie in einem luftdichten Behälter auf. Das Schweinefleisch muss wenigstens 24 Stunden marinieren, bereiten Sie es aber nicht länger als 36 Stunden im Voraus zu. Bereiten Sie das Westindische Punschgelee am Vortag zu und stellen Sie es bis zum Servieren in den Kühlschrank.
Rezepte Seite 120 – 121

GEBURTSTAGSPARTY FÜR 18

CASSOULET

35 MINUTEN — 3 STUNDEN 15 MINUTEN — 12 STUNDEN ZUM EINWEICHEN

ZUTATEN

1,25 kg Lammschulter, ohne Knochen
500 ml trockener Weißwein
6 Zwiebeln, grob gewürfelt
8 Zweige Majoran, plus 3 EL fein gehackter, frischer Majoran (oder 2 TL getrockneter)
1 kg getrocknete kleine weiße Bohnen, 12 Stunden eingeweicht, abgespült und abgetropft
375 g geräucherter Pancetta oder geräucherter durchwachsener Speck, ohne Schwarte und in Scheiben geschnitten
1,25 kg Flaschentomaten aus der Dose
3 große Möhren, in Stücke geschnitten
Schale von 1 unbehandelten Zitrone, in dünne Streifen geschnitten
4 Knoblauchzehen, mit Schale, zerdrückt mit der flachen Seite eines Messers
3 Lorbeerblätter
750 g grobe, reine Schweinewurst
750 g Entenbrust, ohne Haut
2 EL Olivenöl (falls gebraten wird)
Salz und Pfeffer nach Geschmack
250 g frische, helle Semmelbrösel
4 EL grob gehackte glatte Petersilie
Grüne Salatblätter zum Servieren

1 Den Backofen auf 190 °C (Gas Stufe 5) vorheizen. Lammfleisch zusammen mit dem Wein, der Hälfte der Zwiebeln und den Majoranzweigen in eine große Bratenform legen. 1 Stunde 50 Minuten im Ofen schmoren.

2 In der Zwischenzeit die Bohnenmischung zubereiten. Die eingeweichten Bohnen in einen großen Topf geben, mit leicht gesalzenem Wasser bedecken, zum Kochen bringen und 15 Minuten kochen lassen. Abgießen.

3 Die Bohnen wieder in den Topf geben und Pancetta oder Speck, Tomaten, Möhren, Zitronenschale, die restlichen Zwiebeln, 3 Knoblauchzehen, den gehackten Majoran und die Lorbeerblätter dazugeben. Mit Wasser bedecken, zum Kochen bringen und zugedeckt unter gelegentlichem Rühren 1 Stunde köcheln lassen.

4 Die Würste und die Entenbrüste unter dem Grill bräunen oder in einer großen Pfanne mit Öl anbraten. Zu der Bohnen-Gemüse-Mischung geben, den Deckel auflegen und alles bei mittlerer Temperatur weitere 30 Minuten garen.

5 Den Topf vom Herd nehmen, abgießen, dabei die Flüssigkeit aufbewahren. Die Knoblauchzehen entfernen und wegwerfen. Das Gericht abschmecken. Sobald sie etwas abgekühlt sind, Würste und Entenbrüste in mundgerechte Stücke schneiden.

6 Wenn das Lammfleisch gar ist, aus dem Ofen nehmen und beiseite stellen. Den Ofen auf 180 °C (Gas Stufe 4) herunterschalten. Überschüssiges Fett vom Lammfleisch entfernen und das Fleisch in mundgerechte Stücke schneiden. Die Flüssigkeit aufbewahren, die Zwiebeln und Majoranzweige wegwerfen.

7 Zwei große Kasserollen mit der letzten Knoblauchzehe ausreiben, dann die Bohnen-Gemüse-Mischung, Würste, Ente und Lammfleisch, auf beide Kasserollen aufgeteilt, abwechselnd einschichten. Mit einer Lage Bohnen-Gemüse-Mischung enden. Wein und Saft vom Lammfleisch und die Flüssigkeit von der Bohnen-Gemüse-Mischung darüber gießen.

8 Semmelbrösel und Petersilie in einer kleinen Schüssel vermischen. Die Hälfte davon über die Cassoulets in den beiden Kasserollen streuen.

9 20 Minuten backen, dann die Semmelbrösel in die Flüssigkeit drücken und die restlichen Semmelbrösel darüber streuen. Weitere 45 Minuten backen (insgesamt 1 Stunde 5 Minuten). Die Schicht Semmelbrösel soll schön gebräunt sein. Mit einem grünen Blattsalat servieren.

KOCHTIPPS

Fleisch und Bohnen sollten im fertigen Gericht nicht zu trocken sein; es kann daher nötig sein, während der letzten 30 Minuten noch etwas Wein dazuzugeben. Sie können die Entenbrüste durch 750 g eingelegtes Enten-Confit ersetzen; da Confit schon gegart ist, wird es in Schritt 7 dazugegeben. Das Gericht kann bis zu Schritt 8 zwei Tage im Voraus vorbereitet und am Tag der Feier fertig zubereitet werden.

SCHOKOLADEN-GEBURTSTAGSKUCHEN

35 MINUTEN — 1 STUNDE 50 MINUTEN

ZUTATEN

875 g Zartbitterschokolade
12 Eier; 9 getrennt, 3 ganz
375 g extrafeiner Zucker
300 g gemahlene Haselnüsse
2 EL granulierter Instantkaffee, in 1 EL heißem Wasser aufgelöst und abgekühlt
3 EL Kaffeelikör (nach Belieben)
1 Prise Weinstein
175 g Butter

KOCHTIPP

In der Mikrowelle lassen sich 500 g in Stücke gebrochene Schokolade bei mittlerer Leistung in etwa 6 Minuten schmelzen. Der Kuchen schmeckt die ersten 24 Stunden nach dem Backen am Besten. Gezuckerte Blätter oder Schokoladenblätter (s. S. 170) können anstelle der frischen Blütenblätter zum Dekorieren genommen werden.

1 Den Backofen auf 180 °C (Gas Stufe 4) vorheizen. 500 g der Schokolade in kleine Stücke brechen und in einer hitzebeständigen Schüssel über siedendem Wasser oder in der Mikrowelle erhitzen. Wenn die Schokolade schmilzt, vorsichtig glattrühren (nicht schlagen). Abkühlen lassen.

2 Eigelb und ganze Eier mit dem Zucker schlagen, bis die Masse blass und schaumig ist.

3 Die geschmolzene Schokolade und die gemahlenen Haselnüsse vorsichtig unter die Eimasse heben, anschließend den abgekühlten Kaffee und – falls verwendet – den Kaffeelikör. In einer anderen Schüssel Eiweiß mit Weinstein schlagen, bis feste Spitzen stehen bleiben, anschließend den Eischnee unter die Kuchenmischung heben. Die Mischung in eine mit Backpapier ausgekleidete und eingefettete Tortenform mit 25 cm Durchmesser füllen.

4 Auf der unteren Einschubleiste im Backofen 1 Stunde 20 Minuten backen. Den Kuchen 10 Minuten in der Form ruhen lassen und anschließend auf ein Kuchengitter stürzen.

5 Für den Überzug Butter und restliche Schokolade wie in Schritt 1 beschrieben erhitzen, dabei vorsichtig glatt rühren. Ca. 5 Minuten abkühlen lassen, so dass die Masse leicht eindickt.

6 Die Schokoladenmasse auf die Oberfläche und auf die Seiten des noch umgedrehten Kuchens streichen. Den Überzug fest werden lassen, den Kuchen auf einen Tortenteller legen und mit frischen Blütenblättern dekorieren.

SCHOKOLADEN-GEBURTSTAGS-KUCHEN

ITALIENISCH FÜR 12

FETTUCINE MIT BROCCOLI UND PINIENKERNEN

20 MINUTEN — 15 MINUTEN

ZUTATEN

1,25 kg Broccoli
175 g Butter
24 Blätter frischer Salbei, zerpflückt
3 unbehandelte Zitronen, 1/2 in dünne Scheiben geschnitten, Saft und abgeriebene Schale von 2 1/2
60 g Pickled-Lemon-Scheiben (nach Belieben)
Salz und Pfeffer nach Geschmack
1 kg Fettucine
90 g Pinienkerne, leicht geröstet
Geriebener Parmesankäse zum Bestreuen

1 Den Broccoli putzen und zerteilen, dabei größere Röschen halbieren. 3 Minuten in kochendem Salzwasser garen. Sofort unter kaltem Wasser abschrecken und abtropfen lassen.

2 Die Butter in einer großen Pfanne erhitzen, bis sie gerade zu bräunen anfängt. Sofort Broccoli, Salbei, Zitronenscheiben und – falls verwendet – Pickled Lemon dazugeben. Vorsichtig bei niedriger Temperatur 5 Minuten braten, bis die Zutaten durchgewärmt sind, anschließend Zitronensaft und -schale dazugeben. Die Mischung abschmecken.

3 Fettucine in zwei großen Töpfen mit viel kochendem Salzwasser *al dente* kochen: falls sie getrocknet sind 6 Minuten, falls sie frisch sind 5-6 Minuten. Abtropfen lassen und in die beiden Töpfe zurückgeben. Je die Hälfte der Broccoli-Mischung und der Pinienkerne in jeden Topf geben und den Topf schwenken. Sofort mit Parmesan bestreut servieren.

KOCHTIPP

Verwenden Sie zwei sehr große Töpfe mit leicht gesalzenem, kochendem Wasser für die Nudeln, da Fettucine beim Garen viel Platz brauchen.

PAPPARDELLE MIT GARNELEN UND PILZEN

50 MINUTEN — 30 MINUTEN

ZUTATEN

500 g rohe Bärengarnelen
500 ml Wasser
5 EL Olivenöl
4 Knoblauchzehen, fein gehackt
6 Flaschentomaten, enthäutet und fein gehackt
3 EL pürierte Tomaten
250 g Wiesenchampignons oder Shiitakepilze, in Scheiben geschnitten
2 TL gemahlener schwarzer Pfeffer
Salz nach Geschmack
1 kg Pappardelle oder Fettucine
250 g Mascarpone
Frisches Basilikum, zerpflückt, zum Garnieren
Tomaten-Basilikum-Salat zum Servieren

1 Die Garnelen vorbereiten (s. Schritt 1, S. 94), die Schalen für die Zubereitung der Brühe aufbewahren.

2 Für die Brühe die Schalen zerdrücken und mit dem Wasser in einen großen Topf geben. Zum Kochen bringen. 30 Minuten köcheln lassen, bis die Flüssigkeit um die Hälfte reduziert ist. Abseihen und die Schalen wegwerfen.

3 Für die Sauce drei Esslöffel des Öls in einem großen Topf bei mittlerer Temperatur erhitzen und den Knoblauch dazugeben.

Ca. 5 Minuten braten, dann Tomaten und die pürierten Tomaten dazugeben. Die Temperatur reduzieren und die Sauce ca. 10 Minuten garen.

4 Pilze, Pfeffer und Brühe dazugeben und 5 Minuten köcheln lassen. Salzen. Bei sehr niedriger Temperatur warm halten.

5 Die Pappardelle in zwei großen Töpfen mit viel kochendem Salzwasser *al dente* kochen: getrocknete 8–10 Minuten, frische 5–6 Minuten; abtropfen lassen.

6 Inzwischen das restliche Öl in einer Pfanne sehr heiß werden lassen, dann die Garnelen darin auf jeder Seite ca. 1 Minute braten, bis sie rosa werden.

7 Die abgetropften Nudeln in die Töpfe zurückgeben. Je die Hälfte der Garnelen, Sauce und Mascarpone dazugeben. Mit Basilikum garnieren und mit einem Tomaten-Basilikum-Salat servieren.

PAPPARDELLE MIT GARNELEN UND PILZEN

KAFFEE-AMARETTO-EISCREME

20 MINUTEN | 10 MINUTEN | 8 STUNDEN ZUM KÜHLEN UND TIEFFRIEREN

ZUTATEN

900 ml Sahne, gekühlt
250 g extrafeiner Zucker
35 g granulierter Instantkaffee
750 ml Crème fraîche
1 EL Vanille-Extrakt
2 TL gemahlene Muskatnuss
250 g Amarettibiskuits, zerstoßen (2/3 grob, 1/3 fein)
200 ml Milch
60 g Butter
200 g Zartbitterschokolade, in kleine Stücke zerbrochen

1 150 ml der Sahne zusammen mit dem Zucker unter Rühren in einem Topf erhitzen, bis der Zucker aufgelöst ist. 20 g des Kaffees dazugeben. Abkühlen lassen, anschließend wenigstens 2 Stunden in den Kühlschrank stellen, bis die Mischung vollständig gekühlt ist.

2 Die restliche Sahne, Crème fraîche, Vanille-Extrakt und Muskatnuss unterschlagen.

3 Die Mischung in einen starren, gefriergeeigneten Behälter füllen, verschließen und 3 Stunden tieffrieren, dabei nach jeder Stunde rühren (befolgen Sie die Bedienungshinweise, wenn Sie eine Eismaschine verwenden). Beim letzten Rühren die grob zerstoßenen Amaretti unterrühren. Weitere 3 Stunden tieffrieren.

4 Für die Sauce Milch und Butter zum Kochen bringen. Vom Herd nehmen und den restlichen Kaffee und die Schokolade unterrühren. Vorsichtig rühren, bis sich alles gut vermischt hat und unter gelegentlichem Rühren abkühlen lassen.

5 Die Eiscreme 30 Minuten vor dem Servieren in den Kühlschrank stellen. Zum Servieren mit feinen Amarettikrümeln bestreuen und mit der Sauce übergießen.

CHAMPAGNERBUFFET FÜR 18

MARINIERTER LACHS

20 MINUTEN 2 STUNDEN 30 MINUTEN ZUM KÜHLEN

ZUTATEN

1 kg frischer Lachs, ohne Haut und Gräten, filetiert
6 unbehandelte Zitronen: Saft und abgeriebene Schale von 4, Saft von 2
350 ml Traubenkernöl oder ein anderes, leichtes Öl
30 g frischer Dill, fein gehackt, plus Spitzen zum Garnieren
1½ TL Salz
½ TL gemahlener schwarzer Pfeffer
5 EL Dijon-Senf
1 EL extrafeiner Zucker
Kapern (nach Belieben) zum Garnieren

1 Den Lachs ca. 1 Stunde 30 Minuten in das Tiefkühlfach stellen, bis er fast gefroren ist. Schräg, quer zur Faser, in sehr dünne Scheiben schneiden. Auf eine große Platte legen.

2 Für die Marinade Saft und abgeriebene Schale von vier Zitronen mit 150 ml des Öls vermischen. Die Hälfte des gehackten Dills und einen Teelöffel Salz dazugeben. Über die Lachsscheiben gießen. Mit Pfeffer bestreuen und mit Klarsichtfolie abgedeckt mindestens 1 Stunde, aber höchstens 18 Stunden in den Kühlschrank stellen.

3 Für das Dressing Senf, Saft von zwei Zitronen, Zucker, restliches Salz und restlichen, gehackten Dill mischen. Entweder unter ständigem Schlagen 200 ml Öl tropfenweise dazugeben oder alles in einem Mixer verarbeiten, bis eine glatte Flüssigkeit entsteht. Jede Portion mit einer Dillspitze und Kapern – falls verwendet – garnieren und mit Sauce und Vollkornbrot servieren.

KOCHTIPP

Gut gekühlter Lachs lässt sich leichter schneiden. Sie können auch Ihren Fischhändler bitten, ihn für Sie zu schneiden.

TORTE AUS CRÊPES MIT HUHN

1 STUNDE 30 MINUTEN 1 STUNDE

ZUTATEN

475 g Mehl, gesiebt
6 Eier
2,8 l Milch
90 ml Pflanzenöl
2 EL frische Thymianblättchen
Salz und Pfeffer nach Geschmack
900 ml trockener Weißwein
250 g Butter
475 g Parmesankäse, gerieben
2,25 kg gekochtes Hühnerfleisch, gewürfelt
750 g gekochter geräucherter Schinken, gewürfelt
36 Spargelstangen, al dente *gekocht*

KOCHTIPP

Zusammengesetzt lassen sich die Torten für 6 Wochen einfrieren. Auftauen und 30 Minuten im mäßig warmen Ofen erhitzen.

1 Für den Crêpeteig 300 g Mehl, Eier, 900 ml Milch, Öl, Thymian und Gewürze in einer Küchenmaschine verarbeiten. Sehr gut verrühren. 30 Minuten in den Kühlschrank stellen.

2 In der Zwischenzeit die Füllung zubereiten: Wein zum Kochen bringen und um ¾ reduzieren. 175 g der Butter und das restliche Mehl dazugeben und alles zu einer glatten Masse verarbeiten. Nach und nach die restliche Milch dazugeben, die Sauce dabei nach jeder Zugabe glattrühren. 15 Minuten vorsichtig garen.

3 Den Parmesankäse bis auf 90 g unter die Sauce rühren und die Sauce abschmecken. Anschließend vom Herd nehmen. Hühnerfleisch und gewürfelten Schinken gut unterrühren.

4 Den Ofen auf 200 °C (Gas Stufe 6) vorheizen. Einen Esslöffel Butter in einer Pfanne mit 23 cm Durchmesser erhitzen, bis sie gerade bräunt. Drei Esslöffel Teig dazugeben und die Crêpe auf beiden Seiten goldbraun braten. Wiederholen, bis aller Teig aufgebraucht ist. Für jede Crêpe erneut Fett in die Pfanne geben.

5 In einer Springform mit 23 cm Durchmesser die erste Crêpetorte zusammenstellen: Eine Crêpe hineinlegen und mit ca. acht Esslöffel Füllung bedecken. Weiter acht Lagen daraufschichten, dabei je sechs Spargelstangen auf zwei der Lagen verteilen. Mit einer Crêpe enden und mit einem Drittel des restlichen Parmesankäses bestreuen. Zwei weitere Torten ebenso zusammensetzen. 30 Minuten backen, etwas abkühlen lassen und warm servieren.

SAVARIN MIT FRISCHEN FRÜCHTEN

25 MINUTEN — 1 STUNDE 30 MINUTEN — 1 STUNDE 45 MINUTEN RUHEZEIT

ZUTATEN

575 g extrafeiner Zucker
300 ml Milch, vorgewärmt
1 EL Trockenhefe
500 g Mehl, gesiebt
6 große Eier, leicht verschlagen
2 TL Salz
200 g Butter, zerlassen
600 ml Wasser
200 ml dunkler Rum, Kirschwasser oder Brandy
Exotische Früchte oder Früchte der Saison
Crème fraîche oder Crème double zum Servieren

KOCHTIPPS

Wenn Sie keine Trockenhefe verwenden, befolgen Sie die Verpackungshinweise. Falls der Savarin im Ofen zu schnell bräunt, decken Sie ihn die letzten 10 Minuten mit Backpapier ab. Im Sommer schmeckt der Savarin sehr gut mit gemischten Beeren.

1 Für den Savarin 75 g des Zuckers, die vorgewärmte Milch, Hefe, Mehl, Eier und Salz in eine große, eingefettete Schüssel geben und kräftig schlagen. Mit Klarsichtfolie und einem Geschirrtuch abdecken und 1 Stunde an einem warmen Platz stehen lassen, bis sich das Volumen verdoppelt hat.

2 Den Teig auf einer bemehlten Arbeitsfläche flach drücken und die zerlassene Butter unterkneten. 10 Minuten kneten, bis der Teig elastisch ist, dann in eine gefettete und bemehlte Savarinform mit 30 cm Durchmesser geben. Mit eingeölter Klarsichtfolie bedecken und an einem warmen Ort weitere 45 Minuten gehen lassen. Den Backofen auf 190 °C (Gas Stufe 5) vorheizen.

3 Den Savarin 45 Minuten backen. 30 Minuten abkühlen lassen, dann vom Rand lösen, jedoch noch nicht aus der Form nehmen.

4 Während der Savarin im Ofen ist, den Sirup herstellen. Wasser und restlichen Zucker in einem Topf langsam zum Kochen bringen, dabei rühren, bis der Zucker aufgelöst ist. 15 Minuten kochen lassen: Der Sirup darf nicht karamellisieren. Vom Herd nehmen und leicht abkühlen lassen, anschließend Rum, Kirschwasser oder Brandy dazugeben.

5 Den Savarin rundherum mit einem Spieß einstechen und den Sirup bis auf ca. 300 ml darüber träufeln, bis alle Flüssigkeit aufgenommen ist. Sobald der Savarin vollständig ausgekühlt ist, auf einen Servierteller mit 45 cm Durchmesser stürzen. Das Innere mit frischen Früchten füllen. Den Savarin in Scheiben schneiden und mit Früchten, einem Löffel Sirup und Crème fraîche oder Crème double servieren.

SAVARIN MIT FRISCHEN FRÜCHTEN

COCKTAIL-PARTYS

Teuflische Drinks in eleganten Gläsern und Platten mit köstlichen Häppchen, alles vor einem imposanten Hintergrund aus hochpoliertem Tafelsilber und erlesenen Blumen: Dies sind die aufregenden Bestandteile, aus denen das elegante Fest, die Cocktailparty, besteht. Hier ist Zurückhaltung nicht angesagt: Ziehen Sie alle Register für eine Aufsehen erregende Party.

Schaffen Sie eine Atmosphäre mit Aufsehen erregenden Blumenarrangements (rechts), teuflisch verführerischen Drinks und fantasievollen Häppchen aus dem Cocktail-Menü (Seite 128).

DIE GELEGENHEIT ZU IMPONIEREN

EIN EDLES BLUMENARRANGEMENT

Blumen spielen immer eine wesentliche Rolle, um eine angenehme Atmosphäre zu schaffen, bei Cocktail- oder Buffetpartys sind sie aber besonders wichtig, da es keine formelle Sitzordnung gibt. Platzieren Sie Gestecke dort zwischen den Gästen, wo sie gut zu sehen sind. Beziehen Sie auch Beistelltische, Schränkchen oder breite Kaminsimse mit ein und platzieren Sie im Sommer ein oder mehrere Gestecke auf Gartentischen im Freien.

1 Stecken Sie Maschendraht oder eingeweichte Blumensteckmasse in einen Behälter. Stecken Sie Pflanzen mit kräftigem Stiel – wie hier Viburnum (Schneeball) – fächerartig hinein; es sollte harmonisch, aber nicht zu formal wirken. ◁

2 Fügen Sie nun die größten Blüten hinzu – hier stark duftende, weiße Lilien – und achten Sie darauf, dass sie gleichmäßig über das Gesteck verteilt sind. Entfernen Sie die Staubgefäße, die die Kleidung Ihrer Gäste verschmutzen könnten. ▷

3 Füllen Sie das Gesteck mit den restlichen Blumen auf: federige, weiße Astilben, stahlblauer Rittersporn und orangefarbene Rosen, die an den Blumenkorb von Seite 124 – 125 anknüpfen. Betrachten Sie das Gesteck dann aus einiger Entfernung und stecken Sie nach Bedarf weitere Pflanzen hinein, bis der endgültige Effekt erreicht ist (rechts). ◁

WICHTIGE ELEMENTE
Beginnen Sie mit einer Pflanze mit kräftigen Stielen, um einen Rahmen zu schaffen, fügen Sie etwas Ausgeprägtes für die Harmonie hinzu und füllen Sie mit weicheren Blumen auf.

EINE GELUNGENE KOMBINATION
Die Harmonie zwischen Gefäß und Blumen ist wichtig. Die fließende Silhouette des Champagnerkühlers bringt dieses Gesteck vorteilhaft zur Geltung.

COCKTAILGLAS MIT KRISTALLRAND

Merry Melon und Touch of the Blues sind zwei der vielen Cocktails, die sehr attraktiv mit einem Rand aus Salz oder Zucker am Glas aussehen (s.S. 134–137).

1 Mischen Sie zwei bis drei Tropfen natürliche Lebensmittelfarbe unter vier Esslöffel extrafeinen Zucker für einen farbigen Zuckerrand. Feuchten Sie den Rand eines Glases mit Limettensaft oder Wasser an und drücken Sie ihn vorsichtig in den Zucker oder in Tafelsalz.

2 Sind die Kristalle am Glasrand zu groß, säubern Sie das Glas und fangen Sie neu an.

Tafelsalz oder extrafeiner Zucker für einen weißen Rand.

M

»C

COCKTAILHÄPPCHEN (1)

COCKTAIL-KEBABS

30 MINUTEN   15 MINUTEN   1 STUNDE ZUM EINWEICHEN

ZUTATEN FÜR 24 KEBABS

12 Miniatur-Spargelstangen
4 Miniatur-Maiskolben
½ rote Paprika
8 Scheiben luftgetrockneter roher Schinken, sehr dünn geschnitten
5 rohe Bärengarnelen, ohne Schale
5 Jakobsmuscheln, ohne Corail
24 Cocktailspieße, 1 Stunde eingeweicht
60 g Butter, zerlassen
6 Champignons mit geschlossenen Köpfen
3 Artischockenherzen (aus dem Glas oder aus der Dose), halbiert

1 Den Grill auf mittlere Temperatur vorheizen. Spargel und Maiskolben in köchelndem, etwas gesalzenem Wasser 3–4 Minuten garen, bis sie *al dente* sind. Unter kaltem Wasser abschrecken, abtropfen lassen und trocken tupfen.

2 Von der Paprika Samen und Scheidewände entfernen und die Schote in sechs lange 1 cm breite Streifen schneiden.

3 Den Schinken in 24 ca. 12 x 2,5 cm große Streifen schneiden, darin einzelne Maiskolben, Garnelen und Jakobsmuscheln einwickeln und mit einem Spieß zusammenhalten. Mit Butter bestreichen und auf jeder Seite 2 Minuten grillen, bis der Schinken zu bräunen beginnt.

4 Drei Spargelstangen in einen Streifen Schinken wickeln und mit einem Cocktailspieß zusammenhalten. Ebenso drei weitere Kebabs herstellen. Mit Butter bestreichen und auf jeder Seite 2 Minuten grillen, bis der Schinken gerade zu bräunen beginnt.

5 Jeden Pilz in einen Streifen Schinken wickeln und zusammen mit einer halben Artischocke und einem Streifen Paprika auf einen Cocktailspieß stecken. Mit zerlassener Butter bestreichen und auf jeder Seite 3 Minuten grillen, bis die Kebabs leicht gebräunt sind.

KOCHTIPP

Die Kebabs können im Voraus zubereitet und im Kühlschrank aufbewahrt werden. Sie werden vor dem Servieren bei 180 °C (Gas Stufe 4) im Backofen in ca. 6 Minuten erwärmt.

FRÜCHTE MIT PARMASCHINKEN

HINWEISE ZU DEN MENGEN

Rechnen Sie für eine Cocktailparty bis zu acht Häppchen pro Person; als Appetithappen oder kleine Vorspeise benötigen Sie drei bis fünf. Von den sättigenderen wie etwa den Crostini brauchen Sie eventuell weniger. Die Mengenangaben aller Rezepte können reduziert oder erhöht werden, sollte dies nötig sein. Die Baguettescheiben für die Crostini reichen für 36 Häppchen, der Sushi-Reis und der Phylloteig für 72; reduzieren Sie die Mengen im Verhältnis, wenn Sie nur ein oder zwei Beläge oder Füllungen zubereiten. Ich schlage vor, dass Sie nur ein oder zwei Gerichte für Ihre Party zubereiten; so kann etwa das Sushi für sich allein schon ausreichen.

PHYLLO-PÄCKCHEN

30 MINUTEN — 10 MINUTEN

ZUTATEN FÜR 72 PÄCKCHEN

12 Blatt Phylloteig, ca. 30 x 17 cm
90 g Butter, zerlassen
Füllung nach Wahl (s. unten)

1 Den Backofen auf 190 °C (Gas Stufe 5) vorheizen. Jedes Blatt Phylloteig quer in drei ca. 10 cm breite Stücke teilen, anschließend jedes Stück halbieren, so dass sich 72 Quadrate ergeben.

2 Jedes Quadrat mit zerlassener Butter bestreichen und $1^1/_2$ Teelöffel der gewünschten Füllung in die Mitte geben. Die Ecken hochnehmen und zu einem Päckchen zusammendrehen.

3 Die Phyllo-Päckchen auf einem eingefetteten Backblech 8–10 Minuten backen, bis sie knusprig und goldbraun sind.

KOCHTIPPS
Die Zeiten beziehen sich nur auf das Zusammenstellen und Backen der Päckchen. Phylloteig muss während der Verarbeitung feucht gehalten werden. Die Päckchen können eingefroren werden; auftauen und bei 180 °C (Gas Stufe 4) 6 Minuten erhitzen.

HUHN & APRIKOSE

ZUTATEN FÜR 24 PÄCKCHEN

150 g Ricotta
100 g gekochtes Hühnerfleisch, fein gehackt
60 g getrocknete Aprikosen, fein gehackt
60 g Walnüsse, geröstet und fein gehackt
4 Frühlingszwiebeln, fein gehackt
2 TL frische Thymianblättchen
Salz und Pfeffer nach Geschmack

Alle Zutaten in einer großen Schüssel vermischen.

KORINTHEN & PINIENKERNE

ZUTATEN FÜR 24 PÄCKCHEN

60 g Korinthen
90 ml trockener Weißwein
150 g Ricotta
60 g Pinienkerne, geröstet
$^1/_2$ TL gemahlener Zimt
Salz und Pfeffer nach Geschmack

Die Korinthen über Nacht im Wein einweichen. Gut abtropfen lassen und mit den restlichen Zutaten vermischen.

ARTISCHOCKE

ZUTATEN FÜR 24 PÄCKCHEN

150 g Ricotta
100 g Artischockenherzen (aus dem Glas oder aus der Dose), fein gehackt
2 TL fein gehackter, frischer Majoran
4 Frühlingszwiebeln, fein gehackt
$^1/_2$ TL gemahlener Ingwer
Salz und Pfeffer nach Geschmack

Alle Zutaten in einer großen Schüssel vermischen.

FRÜCHTE MIT PARMASCHINKEN

20 MINUTEN

ZUTATEN FÜR 24 STÜCK

1 reife Mango
$^1/_2$ kleine Melone, entkernt
2 Feigen
12 dünne Scheiben Parmaschinken, halbiert
24 Cocktailspieße

1 Die Mango schälen und das Fruchtfleisch herauslösen, indem es parallel zur flachen Seite des Steins geschnitten wird. Das Fruchtfleisch in acht große Stücke schneiden. Das Fruchtfleisch der Melone in acht Stücke schneiden oder acht Bällchen mit einem Kugelausstecher herauslösen. Die Feigen vierteln.

2 Ein Stück Parmaschinken um jedes Melonen- und Feigenstück wickeln und beides mit einem Spieß zusammenhalten.

3 Ein zusammengefaltetes Stück Schinken mit einem Cocktailspieß auf jedem Mangostück feststecken.

KOCHTIPPS
Andere luftgetrocknete rohe Schinken oder ein Bayonne-Schinken und andere Früchte, wie große Erdbeeren oder Birnenspalten, können ebenfalls verwendet werden. Das Rezept kann leicht auf 48 eingewickelte Früchte verdoppelt werden.

COCKTAILDRINKS (2)

GIN ALS GRUNDLAGE

FÜR 1 GLAS

TOM COLLINS

Eiswürfel
60 ml Gin
Saft von 1/2 Zitrone
15 g Zuckersirup
150 ml Sodawasser
Zitronenscheibe
1 Maraschino-Kirsche

Ein Collins-Glas zur Hälfte mit Eiswürfeln füllen. Gin, Zitronensaft und Zuckersirup unterrühren. Mit Sodawasser auffüllen, Zitronenscheibe und Kirsche dazugeben.

PERFECT MARTINI

1 TL Noilly Prat, gekühlt
60 ml Gin, gekühlt
Zitronenscheibe
oder grüne Olive

Noilly Prat in ein gekühltes Martiniglas geben, das Glas mit der Flüssigkeit benetzen und den Rest weggießen. Den Gin und die Zitronenscheibe dazugeben.

NEGRONI

Eiswürfel
60 ml Gin
3 TL süßer, roter Wermut
4 TL Campari
Orangenscheibe

Ein Aperitif-Glas zur Hälfte mit Eis füllen und Gin, Wermut und Campari unterrühren. Die Orangenscheibe dazugeben.

RUM ALS GRUNDLAGE

FÜR 1 GLAS

PIÑA COLADA

100 ml zerstoßenes Eis
60 ml brauner Rum
45 ml Coconutcream
90 ml Ananassaft

Alle Zutaten im Blender verarbeiten und in ein Collins-Glas gießen.

DAIQUIRI

60 ml brauner Rum
4 TL Limettensaft
1 TL Zuckersirup
Eiswürfel

Rum, Limettensaft und Sirup mit Eis schütteln. In ein Cocktailglas abseihen.

TOUCH OF THE BLUES

Eiswürfel
30 ml weißer Rum
2 TL Blue Curaçao
Saft von 1/2 Limette
2 TL Kirschwasser
1 Prise gemahlene Muskatnuss

Alle flüssigen Zutaten mit den Eiswürfeln schütteln, anschließend in ein Cocktailglas abseihen. Mit Muskatnuss bestreuen.

MEIN RUMPUNSCH

Eiswürfel
60 ml brauner Rum
Saft von 1 Limette
Saft von 1 Passionsfrucht
150 ml Ananassaft, gekühlt
1 Prise gemahlene Muskatnuss

Ein Highball-Glas zur Hälfte mit Eis füllen und Rum und Fruchtsäfte unterrühren. Mit Muskatnuss bestreuen.

PIÑA COLADA

PIMMS ROYAL

CHAMPAGNER ALS GRUNDLAGE

FÜR 1 GLAS

CHAMPAGNER COCKTAIL

1 Zuckerwürfel
½ TL Angostura Bitter
250 ml Champagner
Orangenspalte
Zitronenscheibe

Den Zuckerwürfel auf den Boden einer Champagnerflöte legen und Angostura Bitter darüber spritzen. Den Champagner darüber gießen, dann die Orangenspalte und die Zitronenscheibe dazugeben.

PIMMS ROYAL

Eiswürfel
60 ml Pimms No 1
2 Gurkenscheiben
Zitronenspalte
1 Minzespitze
175 ml Champagner, gekühlt

Ein großes Highball-Glas zur Hälfte mit Eiswürfeln füllen und Pimms darüber gießen. Gurkenscheiben, Zitronenspalte und Minzespitze dazugeben und mit gekühltem Champagner auffüllen.

BLACK VELVET

125 ml Guinness, gekühlt
125 ml Champagner, gekühlt

Guinness in eine Champagnerflöte gießen und mit Champagner auffüllen.

ALKOHOLFREIE PUNSCHE

FÜR 24 GLÄSER

PREISELBEER

3 l Preiselbeersaft
Saft von 12 Zitronen
1 l Hibiskustee
2 l Ginger ale, gekühlt

Fruchtsäfte und Tee mischen und kalt stellen. In Highball-Gläsern auf Eis servieren und mit Ginger ale auffüllen.

ORANGE

2 l frisch gepresster Orangensaft
Saft von 12 Limetten
8 TL Angostura Bitter
4 l Zitronenlimonade, gekühlt

Fruchtsaft und Angostura Bitter mischen und kalt stellen. In Highball-Gläsern auf Eis servieren und mit Limonade auffüllen.

GRAPEFRUIT

2 l rosa Grapefruitsaft
3 l Zitronenlimonade
250 ml gezuckertes
Holundersaftkonzentrat
Saft von 12 Zitronen
750 ml Ginger ale, gekühlt

Die ersten vier Zutaten mischen und kalt stellen. In Highball-Gläsern auf Eis servieren und mit Ginger ale auffüllen.

APFEL

3 l Apfelsaft
Saft von 12 Zitronen
1 l Ananassaft
1 l Sodawasser, gekühlt

Die ersten drei Zutaten mischen und kalt stellen. In Highball-Gläsern auf Eis servieren und mit Sodawasser auffüllen.

BLACK VELVET

GRILL-FESTE

Nur wenige Dinge wecken unsere Lust am Essen so sehr wie das wunderbare Aroma von Speisen, die im Freien zubereitet wurden und der einzigartige Geschmack einer Grillmahlzeit. Glühendes Holz oder Holzkohle garen viele Speisen hervorragend. Dazu kommt noch die besondere Lust am Essen im Freien an einem warmen Sommertag oder an einer Abendeinladung unter sternenübersätem Himmel, und Sie werden wie ich immer häufiger grillen, manchmal sogar mitten im Winter.

Genießen Sie die Gerichte des Meeresfrüchte-Grillmenüs (S. 144) bei Mond- und Laternenschein (rechts). Fisch und Meeresfrüchte eignen sich hervorragend zum Grillen.

MONDSCHEIN

Das Blau einer Mondnacht, nur von leuchtenden

Gerne erinnere ich mich an einige Abendessen im Freien; bei flackerndem Kerzenschein, den samtigen Nachthimmel über uns und mit verlockenden Gerüchen der Speisen, die über einem Holzfeuer zubereitet wurden.

DUFTKERZEN

Oft haben gekaufte Duftkerzen einen eher künstlichen Geruch. Sie können leicht eigene Duftkerzen für die Verwendung im Freien herstellen, indem Sie fünf Tropfen ätherisches Öl auf das geschmolzene Wachs um den brennenden Docht herum tropfen. Citronella und Rosmarin halten Insekten fern.

Tropfen Sie das Öl mit einer Pipette auf das Wachs

Achten Sie darauf, dass kein Öl auf Ihre Hand tropft

MARMORIERTE LATERNEN

Umhüllen Sie Marmeladen- oder Vorratsgläser mit marmoriertem Papier (s.S. 70) und verwenden Sie die Gläser als Windlichter.

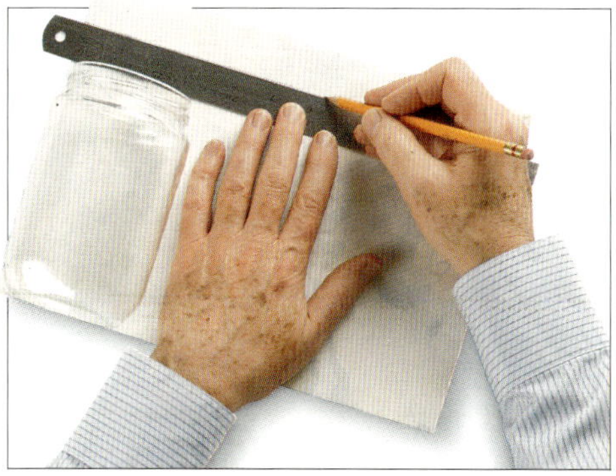

1 Markieren Sie auf der Rückseite eines Blattes Papier, das groß genug ist, um das Glas vollständig zu umschließen, ungefähr 2,5 cm oberhalb des Glases eine Linie.

2 Schneiden Sie Dreiecke von der Oberkante des Papiers zur eingezeichneten Linie aus. Schneiden Sie unterhalb der Linie Sterne und Monde aus.

3 Wickeln Sie das Papier um das Glas und befestigen Sie es mit Doppelklebeband. Zünden Sie die Kerze mit einem langen Streichholz an.

Stellen Sie die Kerze in das Glas; kleben Sie sie fest, falls nötig.

Sternen erhellt

BLUMEN
Die Farben dieses mondbeschienenen Abends wiederholen sich in der blau-grünen Mischung aus Farn, Rittersporn, Moluccella laevis und Wolfsmilch.

PAPIERLATERNEN
Für die Laternen stellen Sie marmoriertes Papier in passenden Farben selber her oder Sie kaufen es.

SERVIETTEN
Falten Sie Servietten zu einem Dreieck und schlagen Sie dann die Spitzen zurück.

LICHTER IN TRINKGLÄSERN
Kerzen in Wassergläsern, die sie vor der abendlichen Brise schützen, sind sowohl praktisch als auch schön.

AM TAGE

Einfache, rustikale Speisen schmecken im Freien

Decken Sie den Tisch für eine Grillparty zur Mittagszeit möglichst schlicht. Vor allem bequem und zwanglos sollte die Party sein.

Blumenkasten

Füllen Sie eine hölzerne Kiste mit kleinen Topfpflanzen und Schnittblumen. Verwenden Sie Miniaturrosen in Töpfen als Gerüst und füllen Sie die Kiste mit Schnittblumen wie mit den hier gezeigten Anemonen, Gartenwicken und Klebsame auf.

1 Kleiden Sie eine hölzerne Kiste vollständig mit Plastik – gut eignet sich ein Müllbeutel – aus. Umwickeln Sie auch die Rosentöpfe, damit sie nicht im Wasser stehen.

2 Stellen Sie zuerst die Töpfe in die Kiste, dann gewässerte Blumensteckmasse, die um die Rosentöpfe passend geschnitten wurde. Schneiden Sie überstehendes Plastik ab.

3 Stecken Sie die Blumen und Blätter um die Rosen herum in die Steckmasse und halten Sie dabei die Stiele ziemlich aufrecht, um den Eindruck natürlichen Wachstums zu vermitteln. Achten Sie darauf, dass die Steckmasse nicht mehr zu sehen ist. Ersetzen Sie verwelkte Blumen und halten Sie die Steckmasse feucht.

Serviettenring mit Blume

Stecken Sie eine Blume unter jeden Serviettenring. Wählen Sie Blüten, die nicht schnell welken.

am Besten

FINGERSCHÄLCHEN
Für ein Schälchen mit warmem Wasser und Zitronenscheiben bei jedem Gedeck zum Spülen der Finger sind Ihre Gäste dankbar.

KRUG MIT BLUMEN
Beleben Sie den Tisch mit einem einfachen Tonkrug voller Blumen, die diejenigen im Blumenkasten wiederholen.

MENÜS

Ein glühendes Feuer, das Speisen und Luft mit

MEERESFRÜCHTEGRILL

Nichts übertrifft den Geschmack von frischem Fisch, der einfach über einem Holzfeuer gegrillt wurde.

Für 12 Personen

GEGRILLTE KALMARE

Kalmare sind immer ein köstlicher Leckerbissen, besonders wenn sie nach einer Marinade aus Wildkräutern duften.

SEEBARBE MIT FENCHEL & ORANGE

Fenchelsamen verstärken den Geschmack der meisten Fische mit weißem Fleisch und hierbei besonders den von Seebarben.

GEPFEFFERTE ANANAS

Lassen Sie sich nicht von der Vorstellung schocken, Obst mit Pfeffer zu essen. Wie bei Erdbeeren verstärken die Pfefferkörner den Geschmack der Frucht.

GETRÄNKE

Ein frischer, harter Chablis hat die Stärke, um mit dem rauchigen Geschmack des Grillmenüs zu harmonieren. Ein Bourgogne Aligoté paßt auch dazu.

HINWEISE FÜR DIE PLANUNG

Die Mayonnaise für die Seebarben hält sich 3 Tage im Kühlschrank. Die Marinade für die Kalmare kann am Vortag zubereitet werden. Schneiden Sie die Ananas bis zu 2 Stunden vor dem Servieren und beträufeln Sie sie mit Zitronensaft. Ein zweiter Grillrost erspart Ihnen das Säubern zwischen den Gängen. *Rezepte Seite 146–147*

GOURMET-BARBECUE

Bereiten Sie nicht nur alltägliche Speisen auf dem Grill zu. Einige der besten Gerichte, die ich jemals gegessen habe, wurden über Holzfeuern gegart.

Für 6 Personen

THUNFISCH, ÜBER TEEBLÄTTERN GERÄUCHERT

In Scheiben geschnittener Thunfisch, leicht über Teeblättern geräuchert, ist eine Delikatesse, die man gekostet haben sollte.

KNUSPRIGE HÜHNERLEBER

Köstliche Hühnerleber, die außen knusprig goldbraun wie ein Toast und innen blassrosa ist.

GERÖSTETE KOCHBANANEN MIT RUMSAUCE

Reife Kochbananen, über dem Feuer karamellisiert, mit einer Sauce, die Sie in die Tropen versetzt.

GETRÄNKE

Ich halte ein Thema gerne bis zum Ende durch; da die Speisen geräuchert und sehr ausgefallen sind, wäre ein Pouilly Fumé eine außerordentlich angenehm duftende Begleitung für diesen Festschmaus.

HINWEISE FÜR DIE PLANUNG

Die Sauce für die Kochbananen kann 8 Stunden im Voraus zubereitet und dann wieder erhitzt werden. Legen Sie die Hühnerleber 2 Stunden ein, bevor Sie sie zubereiten. Grillen Sie zuerst den Thunfisch und servieren Sie ihn mit einer Garnierung aus Petersilie und Kerbel, bevor Sie die Leber grillen. *Rezepte Seite 148–149*

Wohlgeruch erfüllt

VEGETARISCH SPEZIAL

Der volle, erdige Geschmack von Pilzen, scharf gebratenem Ziegenkäse und gegrillter Polenta; jeder Bissen ist ein Genuß.

Für 6 Personen

GEBRATENER ZIEGENKÄSE & TAPENADE

Diese zwei kräftigen Zutaten ergänzen einander, vor allem, wenn sie mit duftendem Kräuter-Focaccia serviert werden.

KEBABS MIT GEMISCHTEN PILZEN

Pilze, Artischocken und Schalotten, über Holzkohle gegrillt, ergeben ein Trio voller Geschmack.

KÜRBISPOLENTA

Ein norditalienisches Grundnahrungsmittel, angereichert mit Kürbis und Kräutern und anschließend gegrillt.

GETRÄNKE

Ein guter Sancerre von der Loire oder ein neuseeländischer Sauvignon.

HINWEISE FÜR DIE PLANUNG

Tapenade hält sich für 1 Woche, wenn sie in einem luftdichten Behälter aufbewahrt wird. Bereiten Sie die Pilzmarinade bis zu 2 Tage im Voraus zu, marinieren Sie die Kebabs jedoch nicht länger als 18 Stunden. Bereiten Sie die Polenta am Vortag bis zu Schritt 4 vor, damit sie fest werden kann. Die Sauce für die Polenta kann bis zu 8 Stunden im Voraus hergestellt werden, geben Sie aber den gegarten Broccoli erst am Ende dazu. *Rezepte Seite 150–151*

GROSSE EINLADUNG

Diese köstlich zarten, marinierten Gerichte lassen sich gut für eine größere Anzahl von Gästen zubereiten.

Für 12 Personen

INGWER-KNOBLAUCH-HUHN

Gut mariniert wird das Huhn so zart, dass einem das Wasser im Munde zusammenläuft.

GEGRILLTES RINDFLEISCH MIT THAILÄNDISCHER SAUCE

Lassen Sie sich nicht dazu verführen, das Gericht schärfer zu machen: Dies würde vom Geschmack des Rindfleisches ablenken.

AROMATISCHER REISSALAT

Zarter Reis, nach Gewürzen und Kräutern duftend.

GETRÄNKE

Leicht gewärmter Sake, Lagerbier oder Eistee sind die besten Erfrischungen für solch würziges Essen.

HINWEISE FÜR DIE PLANUNG

Bereiten Sie den Reissalat und die Marinaden für das Huhn und das Rindfleisch bis zu 12 Stunden im Voraus zu. Legen Sie das Rindfleisch sofort in die Marinade, es kann bis zu 12 Stunden marinieren; marinieren Sie das Hühnerfleisch jedoch höchstens bis zu 6 Stunden. Das Rindfleisch braucht zum Garen doppelt so lange wie das Hühnerfleisch, legen Sie es also 15 Minuten früher auf den Grill.
Rezepte Seite 152–153

Meeresfrüchtegrill Für 12

Gegrillte Kalmare

20 Minuten · 4 Minuten · 4 Stunden zum Marinieren

Zutaten

90 ml Olivenöl
3 EL Rotweinessig
Saft und Fruchtfleisch von 2 Kiwis
4 Knoblauchzehen, fein gehackt
4 Zweige frischer Rosmarin
12 Zweige frischer Majoran
12 Kalmare, zum Grillen vorbereitet
125 g Mehl
1 EL getrockneter Majoran

1 Für die Marinade Öl, Essig, Saft und Fruchtfleisch der Kiwis, Knoblauch und Kräuterzweige in eine nicht-metallische Schüssel geben.

2 Die Kalmare abwaschen, gut trockentupfen und die Mäntel der Länge nach in drei Stücke schneiden.

3 Die Kalmare (Mäntel und kleine Fangarme) in die Marinade geben. Zugedeckt wenigsten 4 Stunden im Kühlschrank marinieren.

4 Die Kalmare aus der Marinade herausnehmen, dabei soviel Marinade wie möglich abschütteln und aufbewahren. Jedes Stück in dem Mehl und dem getrockneten Majoran wälzen.

5 Die Kalmarenstücke mit der Marinade bestreichen und auf jeder Seite ca. 2 Minuten grillen, bis sie braun sind. Sofort servieren.

Kochtipp

Passen Sie auf, dass Sie die Kalmare nicht übergaren, da sie schnell hart und zäh werden.

Salat aus neuen Kartoffeln

Gegrillte Kalmare

Seebarben mit Fenchel und Orange

SEEBARBEN MIT FENCHEL UND ORANGE

30 MINUTEN 10 MINUTEN

ZUTATEN

1 großes ganzes Ei (wenn ein Mixer verwendet wird) oder 2 Eigelb (wenn mit der Hand gerührt wird)
2½ TL Dijon-Senf
Salz und Pfeffer nach Geschmack
Saft von 1 Zitrone
150 ml Traubenkernöl, plus 3 EL zum Bestreichen
150 ml Olivenöl
Saft und abgeriebene Schale von 1 unbehandelten Orange
1 EL gemahlener Fenchelsamen
6 Seebarben, filetiert
Salat aus neuen Kartoffeln (s.S. 186) und grüne Salatblätter zum Servieren

1 Für die Mayonnaise das ganze Ei oder die Eigelb, ½ Teelöffel Senf und Salz nach Geschmack schlagen, bis die Mischung dick ist. Einen Esslöffel Zitronensaft unterrühren.

Einige Tropfen Traubenkernöl dazugeben und gut unterrühren, anschließend die restlichen 150 ml Traubenkernöl langsam in dünnem Strahl dazugießen, dabei ständig rühren.

2 Wenn alles Traubenkernöl untergearbeitet ist und die Mischung einzudicken beginnt, das Olivenöl sehr langsam dazugeben, dabei ständig rühren, bis die Mayonnaise richtig dick ist. Abschmecken.

3 Die Schale der ganzen Orange und den Saft einer halben Orange unterrühren. Die Mayonnaise mit Klarsichtfolie abdecken und in den Kühlschrank stellen, bis sie gebraucht wird.

4 In einer kleinen Schüssel den Saft der anderen Orangenhälfte, den Fenchelsamen, den restlichen Senf und drei Esslöffel Traubenkernöl vermischen. Die Fischfilets mit der Mischung bepinseln.

5 Die Filets auf jeder Seite 3 Minuten grillen, bis die Haut goldbraun und das Fleisch nicht mehr durchscheinend ist. Die Fischfilets mit einem Klecks Mayonnaise, Salat aus neuen Kartoffeln und grünen Salatblättern servieren.

KOCHTIPPS

Getrocknete oder frische Fenchelstengel während des Grillens auf die Kohle gelegt, verleihen den Seebarben ein wunderbares Aroma. Lorbeerblätter (oder Zweige mit Blättern) können ebenfalls verwendet werden. Die Mayonnaise kann im Voraus zubereitet werden. Sie hält sich 3 Tage im Kühlschrank.

GEPFEFFERTE ANANAS

25 MINUTEN 12 MINUTEN

ZUTATEN

2 Ananas
60 g Butter
Saft von 1 Zitrone
1 EL grob gemahlener schwarzer Pfeffer
250 ml Ananassaft
Saft von 1 Limette
2 TL Orangenblütenwasser

1 Von den Ananas jeweils die beiden Enden abschneiden und die Frucht schälen. Jede Ananas in 6 Spalten schneiden. Die holzige Mitte herausschneiden und an den breiten Seiten die braunen »Augen« entfernen.

2 Die Ananasspalten rund herum mit Butter und Zitronensaft einreiben und mit grobem Pfeffer bestreuen.

3 Für die Sauce Ananas- und Limettensaft in einem Topf erhitzen und um die Hälfte einkochen lassen. Orangenblütenwasser unterrühren.

4 Die Ananasspalten auf jeder Seite ca. 6 Minuten grillen, bis sie goldbraun sind. Den Fruchtsaft darüber schöpfen und die Früchte servieren.

KOCHTIPP

Erhöhen oder verringern Sie die Anzahl der Ananasspalten je nach Anzahl der Gäste. Erhöhen Sie die Saucenmenge entsprechend, reduzieren Sie sie jedoch nicht stärker als um die Hälfte.

GOURMET-BARBECUE FÜR 6

THUNFISCH, ÜBER TEEBLÄTTERN GERÄUCHERT

15 MINUTEN 10 MINUTEN

ZUTATEN
1,25 kg Thunfisch (6 x 1cm dicke Steaks)
4 EL Olivenöl
Salz und Pfeffer nach Geschmack
Je 2 EL Lapsang Souchong Teeblätter und grüne Teeblätter
4 EL brauner Zucker
Majoranspitzen zum Garnieren

1 Die Thunfischsteaks mit Olivenöl bepinseln und nach Geschmack würzen. Beiseite stellen.

2 Einen großen Wok mit Alufolie auslegen. Teeblätter und Zucker mischen und auf die Folie im Wok geben.

3 Wenn der Grill sehr heiß ist, den Wok zudecken und über die Flamme stellen. Sobald die Teemischung zu rauchen anfängt, einen Rost in den Wok legen und so viele Thunfischscheiben wie möglich darauf legen.

4 Den Thunfisch ca. 5 Minuten garen, dabei einmal nach der Hälfte der Zeit wenden, bis er außen hellbraun und in der Mitte noch rosa ist. Vom Rost nehmen und warm halten. Den restlichen Thunfisch über derselben Teemischung ebenso garen. Mit Majoranspitzen garnieren und mit grünen Salatblättern servieren.

KOCHTIPP
Achten Sie darauf, dass die Thunfischsteaks nicht zu stark geräuchert werden, da sonst der Geschmack des Fisches leicht übertönt werden kann.

KNUSPRIGE HÜHNERLEBER

20 MINUTEN 10 MINUTEN 2 STUNDEN ZUM EINWEICHEN

ZUTATEN
750 g Hühnerleber
150 ml Milch
2 EL Weißweinessig
100 g frische weiße Semmelbrösel
1 EL frische Thymianblättchen
Salz und Pfeffer nach Geschmack
6 EL Dijon-Senf
4 EL Olivenöl
Grüne Salatblätter zum Servieren

1 Die Hühnerleber abspülen und weiße Sehnen entfernen. In eine Schüssel legen und mit Milch und Essig bedecken. Die Leber wenigstens 2 Stunden in der Milch liegen lassen.

2 Direkt vor dem Grillen die Leber aus der Milch nehmen, abtropfen lassen und mit Küchenpapier trockentupfen. Milch und Essig weggießen.

3 Semmelbrösel, Thymian und Gewürze mischen. Die Leber mit Senf überziehen, in der Semmelbröselmischung wenden und mit Öl bestreichen.

4 Die Leber auf einen gefetteten Rost auf den Grill legen und auf jeder Seite ca. 5 Minuten grillen, dabei, falls benötigt, mit zusätzlichem Öl bestreichen, bis sie außen knusprig und innen noch leicht rosa ist. Sofort auf einem Bett aus grünen Salatblättern servieren.

KOCHTIPP
Die Leber gelingt am Besten, wenn sie auf den Grill gelegt wird, solange die Kohle noch sehr heiß ist. Platzieren Sie die Leber auf mittlerer Höhe über der Kohle.

GERÖSTETE KOCHBANANEN MIT RUMSAUCE

10 MINUTEN 7 MINUTEN

ZUTATEN

6 reife (fast schwarze), süße Kochbananen
Saft von 3 Limetten
2 EL dunkler Rum
60 g Butter
4 EL brauner Zucker
Sahne oder Eiscreme zum Servieren

1 Die Kochbananen der Länge nach halbieren. Die Schnittflächen mit dem Saft einer Limette bestreichen und die Bananenhälften mit der Schale nach unten 3 Minuten auf dem Grill rösten.

2 Während die Kochbananen garen, in einem kleinen Topf den Rum, die Hälfte der Butter, den restlichen Limettensaft, und den Zucker erhitzen, bis der Zucker aufgelöst ist. Vom Herd nehmen.

3 Die Schnittflächen der Kochbananen mit der restlichen Butter bestreichen und die Kochbananen mit der Schnittfläche nach unten auf den Rost legen. Weitere 3–4 Minuten rösten, bis sie dunkel goldbraun sind. Die Bananen schälen, die Sauce über die Kochbananen geben und mit Sahne oder Eiscreme servieren.

KOCHTIPPS

Wenn Kochbananen nicht erhältlich sind, schmecken auch große Bananen auf diese Weise zubereitet köstlich. Die Sauce kann am Vortag zubereitet und wieder erhitzt werden.

GERÖSTETE KOCHBANANEN MIT RUMSAUCE

VEGETARISCH SPEZIAL FÜR 6

GEBRATENER ZIEGENKÄSE & TAPENADE

10 MINUTEN 4 MINUTEN

ZUTATEN

250 g schwarze Oliven, entsteint
60 g Kapern
5 frische Salbeiblätter
2 Knoblauchzehen, grob gehackt
90 ml Olivenöl
2 TL Balsamessig
Saft und abgeriebene Schale von ½ unbehandelten Zitrone
6 kleine Ziegenkäse
Grüne Salatblätter, Walnussdressing (s.S. 185) und Focaccia (s.S. 186) zum Servieren

1 Für die Tapenade alle Zutaten (außer dem Käse) in einer Küchenmaschine zu einer gut vermischten, aber leicht körnigen Paste verarbeiten.

2 Die Käse horizontal durchschneiden und mit der Rinde nach unten 2 Minuten grillen, bis die Käse gerade zu schmelzen beginnen.

3 Die gebratenen Ziegenkäse auf einem Bett aus grünen Salatblättern mit Walnussdressing, einem Löffel Tapenade und Focaccia servieren. Das Brot in Stücke brechen und auf dem Grill von jeder Seite zwei Minuten grillen, bevor es zu dem Ziegenkäse serviert wird.

KOCHTIPP

Behalten Sie den Käse während des Grillens im Auge. Er darf nicht schmelzen und auf die Kohlen tropfen.

GEBRATENER ZIEGENKÄSE

FOCACCIA

TAPENADE

KEBABS MIT GEMISCHTEN PILZEN

55 MINUTEN 35 MINUTEN 2 STUNDEN ZUM MARINIEREN

ZUTATEN

4 Schalotten, fein gewürfelt, plus 24 ganze Schalotten, ungeschält
2 EL fein gehackter, frischer Salbei, plus 12 ganze Salbeiblätter
3 Knoblauchzehen, durchgepreßt
125 ml Olivenöl, plus extra zum Bestreichen
625 g gemischte Pilze
400 g Artischockenherzen (aus der Dose oder aus dem Glas), halbiert
12 hölzerne Grillspieße
Kürbispolenta (s. unten) zum Servieren

1 Für die Marinade die gewürfelten Schalotten, den gehackten Salbei, Knoblauch und Olivenöl in eine nicht-metallische Schüssel geben. Die Pilze vorbereiten (s. Schritt 1, S. 96) und zu der Marinade geben. Vorsichtig verrühren. Zugedeckt 2–18 Stunden im Kühlschrank marinieren, dabei hin und wieder umrühren.

2 Die Holzspieße 30 Minuten in Wasser einweichen. In der Zwischenzeit die ganzen Schalotten 30 Minuten auf dem Grill braten, bis sie gerade gar sind, anschließend schälen.

3 Marinierte Pilze und Schalotten mit den ganzen Salbeiblättern und den Artischockenhälften auf die Spieße stecken. Die Kebabs mit etwas Öl bestreichen und auf jeder Seite 5 Minuten grillen, bis sie goldbraun und weich sind, dabei hin und wieder mit Öl bestreichen. Sobald sie gar sind, mit einem grünen Blattsalat und Kürbispolenta servieren.

KÜRBISPOLENTA

35 MINUTEN 1 STUNDE 35 MINUTEN 12 STUNDEN RUHEZEIT

ZUTATEN

125 ml Olivenöl
5 Knoblauchzehen, fein gehackt
375 g Kürbisfleisch, grob gehackt
1,5 l Wasser
2 TL Salz
375 g vorgegarte Instant-Polenta
3½ EL fein gehackter, frischer Oregano
1½ TL gemahlener schwarzer Pfeffer
125 g Butter
2 Zwiebeln, fein gewürfelt
500 g Tomaten, enthäutet und gehackt
1 EL pürierte Tomaten
250 ml Gemüsefond (s.S. 185)
Salz und Pfeffer nach Geschmack
375 g Broccoli, in kleine Röschen zerteilt und die zarten Stiele gewürfelt
90 g Parmesan, gerieben

1 Zwei Esslöffel Öl in einem Topf erhitzen, zwei Knoblauchzehen und den Kürbis dazugeben und 5 Minuten vorsichtig braten, bis sie dunkel goldbraun sind. Den Kürbis mit leicht gesalzenem Wasser bedecken und mit aufgelegtem Deckel 20 Minuten köcheln lassen. Abtropfen lassen und die Hälfte des Kürbis musen. Die andere Hälfte für die Sauce zurückbehalten.

2 Für die Polenta einen großen Topf mit 1,5 l Wasser füllen, 2 TL Salz hineingeben und das Wasser zum Kochen bringen. Polenta in stetem Strahl unter ständigem Schlagen, damit sich keine Klumpen bilden, in den Topf einrieseln lassen.

3 1½ Esslöffel Oregano und Pfeffer dazugeben, dann die Temperatur vollständig herunterschalten. Die Polenta 10 Minuten unter ständigem Rühren garen, bis der Löffel in der Mischung stehen bleibt. Sobald die Polenta fertig ist, den gemusten Kürbis und die Butter unterrühren.

4 Die Polenta in eine eingefettete 30 cm große, quadratische Form füllen und zugedeckt über Nacht ruhen lassen.

5 Für die Sauce zwei Esslöffel des Öls in einem Topf erhitzen und die Zwiebeln und den restlichen Knoblauch 10 Minuten unter Rühren vorsichtig braten, bis sie blassgold und weich sind.

6 Tomaten, pürierte Tomaten, restlichen Oregano und Gemüsefond dazugeben. Würzen und 10 Minuten kochen lassen, bis die Sauce zu einem flüssigen Brei eingekocht ist. Broccoli und die restlichen Kürbisstücke unterrühren und alles zugedeckt 4 Minuten garen, bis der Broccoli *al dente* ist.

7 Die fest gewordene Polenta in 24 Scheiben schneiden, diese mit dem restlichen Olivenöl bestreichen und auf jeder Seite 8 Minuten grillen, bis sie goldbraun sind. Mit Parmesan bestreuen und heiß mit der Sauce und mit Kebabs mit gemischten Pilzen servieren.

GROSSE EINLADUNG FÜR 12

INGWER-KNOBLAUCH-HUHN

20 MINUTEN · 20 MINUTEN · 2 STUNDEN ZUM MARINIEREN

ZUTATEN

1 l Natur-Joghurt
5 unbehandelte Limetten (Saft und abgeriebene Schale von 3, plus 2 in Spalten geschnittene zum Garnieren)
7 cm frischer Ingwer, geschält und in drei Teile geschnitten
Je 1 EL gemahlener Kreuzkümmel, Bockshornklee und Kurkuma
3 Knoblauchzehen, durchgepreßt
1 frische rote Chilischote, entkernt und fein gehackt
3 Schalotten, fein gewürfelt
12 Hühnerbrüste, ca. 2 kg, ohne Haut und Knochen
Aromatischer Reissalat (s. gegenüberliegende Seite) zum Servieren

1 Für die Marinade alle Zutaten (außer dem Huhn, den Limettenspalten und dem Reissalat) in einer Küchenmaschine glatt pürieren.

2 Die Hühnerbrüste in einer einzigen Lage in eine nicht-metallische Schüssel legen und rundherum mit einer Gabel leicht einstechen. Die Marinade über das Hühnerfleisch geben und die Hühnerbrüste zugedeckt im Kühlschrank 2–6 Stunden marinieren.

3 Die Hühnerbrüste aus der Marinade nehmen und soviel Marinade wie möglich abtropfen lassen. 150 ml Marinade für den Aromatischen Reissalat aufbewahren. Die Hühnerbrüste auf jeder Seite 8 Minuten grillen, bis sie goldbraun und weich sind. Mit Limettenspalten garnieren und mit Aromatischem Reissalat und einem roten Blattsalat servieren.

AROMATISCHER REISSALAT

INGWER-KNOBLAUCH-HUHN

GEGRILLTES RINDFLEISCH MIT THAILÄNDISCHER SAUCE

25 MINUTEN 35 MINUTEN 4 STUNDEN ZUM MARINIEREN

ZUTATEN

7 Knoblauchzehen, durchgepreßt
7 frische rote Chillies, entkernt und fein gehackt
Saft und abgeriebene Schale von 5 unbehandelten Limetten
1,5 kg Filet oder Entrecôte vom Rind
125 ml Wasser
5 EL Weißweinessig
6 Anchovisfilets, gemust
2 Schalotten, fein gewürfelt
2 1/2 EL Fischsauce
1 EL extrafeiner Zucker
Aromatischer Reissalat (s. unten) zum Servieren

1 Für die Marinade vier Knoblauchzehen, vier Chillies und Saft und Schale von drei Limetten mischen.

2 Das Fleisch in eine nicht-metallische Schüssel legen und die Marinade darüber geben. Zugedeckt im Kühlschrank ca. 4 Stunden marinieren, nach der Hälfte der Zeit das Fleisch wenden.

3 Für die Sauce Wasser, Essig, Anchovis, Schalotten, Fischsauce, extrafeinen Zucker und die Reste von Knoblauch, Chillies und Limettensaft und -schale vermischen. Mit Klarsichtfolie abdecken und in den Kühlschrank stellen, bis sie benötigt wird.

4 Das Fleisch aus dem Kühlschrank nehmen und soviel Marinade wie möglich abtropfen lassen. Das Fleisch auf den Grill legen und auf jeder Seite ca. 15 Minuten grillen, bis es außen goldbraun, innen jedoch noch rosa ist, dabei nach der Hälfte der Grillzeit mit der Marinade bestreichen.

5 Das Fleisch 5 Minuten an einem warmen Platz ruhen lassen, dann in dünne Scheiben schneiden. Die Sauce darüber schöpfen. Mit Aromatischem Reissalat servieren.

AROMATISCHER REISSALAT

10 MINUTEN 20 MINUTEN 30 MINUTEN ZUM EINWEICHEN

ZUTATEN

1 kg Basmatireis
4 EL Erdnussöl
30 g Butter
20 Kardamomkapseln, die Samen zerdrückt
750 ml Wasser
150 ml aufbewahrte Marinade (s. Schritt 3, gegenüberliegende Seite)
1 orangefarbene Paprika, Samen und Scheidewände entfernt und die Schote in kleine, dünne Streifen geschnitten
3 TL Salz
Ingwer-Knoblauch-Huhn (s. gegenüberliegende Seite) zum Servieren

1 Den Reis in einem Sieb unter fließendem Wasser waschen, bis das Wasser klar abläuft. Den Reis 30 Minuten in Wasser einweichen und dann 5 Minuten gründlich abtropfen lassen.

2 Öl und Butter in einem großen Topf bei mäßiger Temperatur erhitzen, bis die Butter gerade beginnt, braun zu werden. Sofort Reis und Kardamomsamen dazugeben und rühren, bis sie mit Öl und Butter überzogen sind. Reis und Kardamomsamen 2 Minuten anbraten, dann Wasser, Marinade, Paprikastreifen und Salz dazugeben.

3 Die Reismischung zum Kochen bringen, die Temperatur sehr weit herunterschalten und den Deckel auflegen. Alles 9 Minuten garen, dann vom Herd nehmen, rühren, mit einer Gabel auflockern und im zugedeckten Topf abkühlen lassen. Heiß oder kalt mit Ingwer-Knoblauch-Huhn servieren.

PICKNICKS

Laden Sie Ihre Freunde zu einem Picknick ein. Packen Sie die mitgebrachten Speisen aus und genießen Sie die wohlige Trägheit einer ausgedehnten Mahlzeit im Freien. Kombinieren Sie gutes Essen mit einfachen, aber ausgefallenen Geschmacksrichtungen mit gekühltem Weißwein, Bier oder frischem Obstsaft. Mit Picknicks holt man sich auf wunderbare Weise ein Stück vom Paradies. Picknicks hinterlassen ein Gefühl der Entspannung – das Gefühl, einen Urlaubstag verbracht zu haben.

Wenn Sie und Ihre Gäste sich mit der Kräuterpastete und mit dem Petersilienschinken aus dem ländlichen Picknickmenü (Seite 158) den Bauch gefüllt haben, legen Sie sich zurück und genießen Sie den Himmel (rechts).

SOMMER

Schlemmen an faulen Tagen bei Kräuterduft und

Eine der angenehmsten Seiten eines Picknicks ist die, dass die Arbeit im Voraus getan ist und Sie sich auf das Decken und Servieren konzentrieren und zudem das Picknick selbst genießen können.

PACKEN FÜR EIN PICKNICK

Wickeln Sie Teller und Besteck in Servietten und Geschirrtücher und transportieren Sie sie in Weidenkörben. Packen Sie Essen und Getränke in Kühltaschen.

1 Eine Baumwollserviette einmal der Länge nach falten. Legen Sie einen Satz Besteck schräg von links oben zur Mitte und beginnen Sie, die Serviette locker drum herum zu wickeln.

2 Rollen Sie die Serviette in einem leichten Halbkreis, um einen »Kegel« zu formen. Binden Sie mehrere Bastfasern fest um das Besteck zu einer Schleife.

3 Stecken Sie die Serviettenrollen in eine Schachtel zusammen mit anderen Picknickutensilien, die dicht gepackt sein müssen, um nicht kaputt zu gehen. Verwenden Sie das Picknicktuch, um Zerbrechliches zu schützen oder Lebensmittel vor Sonnenlicht abzuschirmen.

GELB & BLAU
Halten Sie sich an ein zwangloses Farbschema und machen Sie sich keine Sorgen, wenn die einzelnen Stücke nicht genau zueinander passen.

TISCHTUCH
Wenn Sie auf der Erde picknicken, breiten Sie ein kleineres Tuch auf einem großen Tuch aus, um Schmutz vom Essen fern zu halten.

Blätterrauschen

MUSCHELN
Dekorieren Sie den Picknicktisch mit Dingen, die aus der Umgebung stammen: zum Beispiel mit einem Teller mit Muscheln für ein Picknick am Meer.

BESTECKKORB
Ein quadratischer Kasten, in der Mitte aufgestellt, damit alle ihn erreichen können, enthält für jeden Gast einen Satz eingewickeltes Besteck.

KRÄUTERSTRÄUSSE
Binden Sie kleine Kräutersträußchen für jeden Gast. Sie können nach dem Picknick zum Trocknen aufgehängt werden.

MENÜS

Unter freiem Himmel zu essen, ist ein besonderer

LÄNDLICHES PICKNICK

Niemand wird hungrig nach Hause gehen, nachdem er vom Sodabrot, vom Petersilienschinken und der Fleischpastete gekostet hat.

Für 12 Personen

SODABROT MIT ROSINEN UND OREGANO

Einfach und schnell zubereitet, und doch so lecker, dass man dieses Brot am liebsten sofort essen würde, sobald es aus dem Ofen kommt.

PETERSILIENSCHINKEN

Schinken und Gemüse geliert in einer pikanten Brühe – ein traditionelles, französisches Gericht zur Osterzeit.

LÄNDLICHE PASTETE MIT KRÄUTERN

Diese Pastete wird aus Schweine- und Hühnerfleisch hergestellt und ist so bekömmlich, wie sie aussieht.

GETRÄNKE

Wählen Sie einen gekühlten Bourgogne Aligoté als Partner für dieses Picknick. Sollten Sie Rotwein vorziehen, ist Merlot eine gute Alternative.

HINWEISE FÜR DIE PLANUNG

Der Petersilienschinken wird mit der Zeit noch besser: Idealerweise wird er 3 Tage im Voraus zubereitet, wenigstens jedoch 1 Tag vor dem Essen. Sowohl der Schinken wie auch die Pastete halten sich zugedeckt 1 Woche im Kühlschrank. Das Brot kann bis zu 6 Wochen eingefroren werden. *Rezepte Seite 160–161*

FRANZÖSISCHES PICKNICK

Zwei Gerichte aus Südfrankreich und eine Tarte Tatin mit Quitten ergeben ein ansprechendes Menü für ein spätsommerliches Picknick.

Für 6 Personen

PISSALADIÈRE

Genießen Sie diese französische »Pizza« heiß oder kalt.

SALADE NIÇOISE

Ein herzhafter Salat voller Sonnengeschmack.

TARTE TATIN MIT QUITTEN

Quitten haben einen wunderbaren Duft, aber Äpfel oder Birnen sind eine gute Alternative für diese gestürzte Torte.

GETRÄNKE

Da dieses Picknick eine französische Note hat, wählen Sie am Besten einen französischen Wein: einen weißen Bordeaux oder einen guten Rosé aus dem Süden.

HINWEISE FÜR DIE PLANUNG

Genießen Sie die Pissaladière frisch, bis zu 24 Stunden nach der Zubereitung oder frieren Sie sie für höchstens 6 Wochen ein; sie ist heiß ebenso köstlich wie kalt. Der Salat muss am Tag selbst zubereitet werden, das Dressing kommt erst im letzten Moment darüber. Die Torte wird am Besten innerhalb eines Tages nach der Zubereitung gegessen.

Rezepte Seite 162–163

Genuss

EXOTISCHE LECKERBISSEN

Man denkt normalerweise nicht gleich an asiatisches Essen bei einem Picknick, diesen pikanten Festschmaus sollten Sie jedoch probieren.

Für 12 Personen

PIKANTES HUHN MIT PAPAYASALAT

Ingwer und Knoblauch sind die dominierenden Geschmacksrichtungen in diesem Gericht. Sie werden durch den frisch schmeckenden Papayasalat ausgeglichen.

PIKANTE LAMM-KEBABS

Aufgespießte Lammstückchen, die auf der Zunge zergehen; dazu eine süß-saure Sauce mit Chillies und Kreuzkümmel.

INDISCHER MILCHPUDDING

Dieser cremige Reispudding mit einem Überzug aus karamellisiertem Zucker lässt sich leicht in Scheiben schneiden: perfekt für ein Picknick.

GETRÄNKE

Kaltes Bier, am Besten kaltes englisches Lager, ist das beste alkoholische Getränk, um diese Mahlzeit zu begleiten. Gekühltes, kohlensäurehaltiges Wasser mit Limettenscheiben erfrischt aber ebenso.

HINWEISE FÜR DIE PLANUNG

Der Pudding hält sich 4–5 Tage im Kühlschrank, er wird aber am Besten erst am Morgen des Picknicks überbacken. Beide Fleischgerichte können 1 oder 2 Tage im Kühlschrank aufbewahrt werden. *Rezepte Seite 164–165*

STILVOLL TAFELN

Diese Gerichte eignen sich ausgezeichnet für ein elegantes Picknick, vielleicht bei einem Freiluftkonzert oder Pferderennen oder für eine feierliche Mahlzeit an einem besonderen Ort.

Für 6 Personen

RUCOLA-SALAT MIT ENTENBRUST

Ente in Sherryessig mariniert und mit Oliven und Rosmarin zubereitet, dünn geschnitten auf einem Rucolabett serviert.

FENCHEL-KÄSE-TORTE

Diese zwei Zutaten ergänzen sich sehr gut; kombinieren Sie sie in einer leicht zu essenden Gemüsetorte.

POLENTAKUCHEN

Reichen Sie dünne Scheiben dieses gehaltvollen Kuchens: Es wird genug übrig bleiben, um sich im Laufe des Tages ein zweites Mal zu bedienen.

GETRÄNKE

Ein körperreicher, kalifornischer Zinfandel oder ein italienischer Amarone della Valpollicella passen sowohl zur Ente wie auch zur Gemüsetorte. Lassen Sie einen leicht süßen Vin Santo aus der Toskana zum Polentakuchen folgen.

HINWEISE FÜR DIE PLANUNG

Alle drei Gerichte lassen sich 24 Stunden im Voraus zubereiten; der Salat sollte allerdings erst in letzter Minute zusammengesetzt werden. Stellen Sie die Ente in einem luftdichten Behälter in den Kühlschrank, damit sie nicht austrocknet.

Rezepte Seite 166–167

LÄNDLICHES PICKNICK FÜR 12

SODABROT MIT ROSINEN UND OREGANO

20 MINUTEN 40 MINUTEN

ZUTATEN

300 g Vollkornmehl
300 g Mehl
1 TL Natron
2 TL Backpulver
2 EL extrafeiner Zucker
1 TL Salz
1 großes Ei
90 ml Milch
350 ml Natur-Joghurt
125 g Rosinen
2 TL fein gehackter, frischer Oregano

KOCHTIPP

Um zu testen, ob das Brot fertig ist, den Laib umdrehen und auf die Unterseite klopfen. Wenn es hohl klingt, ist das Brot fertig.

1 Den Backofen auf 190 °C (Gas Stufe 5) vorheizen. In eine große Rührschüssel beide Mehlsorten, Natron, Backpulver, Zucker und Salz sieben.

2 Ei, Milch und Joghurt leicht verschlagen und zusammen mit Rosinen und Oregano in die Rührschüssel zu der Mehlmischung geben.

3 Mit den Händen das Mehl unter die Joghurtmischung ziehen, um einen weichen, klebrigen Teig herzustellen. Den Teig auf einer bemehlten Arbeitsfläche ca. 2 Minuten kneten, anschließend zu einem runden, ca. 5 cm hohen Laib formen.

4 Den Laib mit bemehlten Händen auf ein ausgelegtes Backblech legen und ein 5 mm tiefes Kreuz in die Mitte schneiden. 40 Minuten backen, bis er braun ist. Aus dem Ofen nehmen und auf ein Kuchengitter legen.

PASTETE MIT KRÄUTERN

PETERSILIEN-SCHINKEN

SELLERIE-REMOULADE

PETERSILIENSCHINKEN

25 MINUTEN · 4 STUNDEN 50 MINUTEN · 24 STUNDEN, PLUS 12 STUNDEN ZUM KÜHLEN

ZUTATEN

2,5 kg Räucherschinken oder Kochschinken, 24 Stunden eingeweicht
750 ml trockener Weißwein
12 Schalotten, geschält und halbiert
6 Möhren, in Stücke geschnitten
2 Stangen Bleichsellerie, in große Stücke geschnitten
2 Knoblauchzehen, geschält und halbiert
3 Lorbeerblätter
Je 2 Zweige frischer Rosmarin und Estragon
4 Zweige frischer Salbei
6 Zweige frischer Thymian
1 EL grüne Pfefferkörner
2½ EL gemahlene Gelatine
90 ml Wasser
5 EL Estragon- oder Weißweinessig
90 ml Brandy (nach Belieben)
150 g frische glatte Petersilie, fein gehackt, plus 12 Spitzen zum Garnieren
Sellerieremoulade (s.S. 187) zum Servieren

1 Den in Wasser eingeweichten Schinken abspülen und zusammen mit Wein, Schalotten, Möhren, Sellerie, Knoblauch, Lorbeerblättern, Rosmarin, Estragon, Salbei, Thymian und Pfefferkörnern in einen großen Topf geben. Soviel Wasser dazugeben, dass der Schinken bedeckt ist, zum Kochen bringen und 2 Stunden 30 Minuten köcheln lassen, bis der Schinken gar ist. Abkühlen lassen.

2 Den Schinken herausnehmen und die Brühe abseihen, dabei das Gemüse aufbewahren. Die Brühe zum Kochen bringen und auf einen Liter einkochen lassen.

3 In der Zwischenzeit in einem kleinen Topf die Gelatine auf das Wasser streuen. 5 Minuten quellen lassen. Bei sehr niedriger Temperatur erhitzen, bis sich die Gelatine aufgelöst hat und die Flüssigkeit klar ist. Essig und Brandy – falls verwendet – in die köchelnde Brühe geben, anschließend die Gelatine unterschlagen. Abschmecken. Die Brühe 2–3 Stunden abkühlen lassen, bis sie fast fest ist.

4 Während die Brühe abkühlt, Haut und Fett vom Schinken entfernen und ihn in große und kleine Stücke schneiden. In eine ovale Schüssel oder eine Terrine mit einem Fassungsvermögen von 2 Litern abwechselnd mit Gemüse und gehackter Petersilie einschichten. Die Brühe, kurz bevor sie fest wird, darüber gießen. Mit Klarsichtfolie abdecken und wenigstens 12 Stunden in den Kühlschrank stellen. Mit Petersilie garnieren und mit Sellerieremoulade servieren.

KOCHTIPPS

Am Besten bereiten Sie dieses Gericht 3 Tage im Voraus zu. In einer Frischhaltebox zum Picknick mitnehmen und aus der Schüssel heraus servieren.

LÄNDLICHE PASTETE MIT KRÄUTERN

40 MINUTEN · 2 STUNDEN 15 MINUTEN · 24 STUNDEN ZUM MARINIEREN

ZUTATEN

90 ml medium Sherry
90 ml Brandy
3 Knoblauchzehen, durchgepreßt
3 Lorbeerblätter, plus 6 Blätter zum Garnieren
1 EL fein gehackter, frischer Estragon
1 TL Salz
½ TL gemahlener weißer Pfeffer
625 g Hühnerleber, in 1 cm große Würfel geschnitten
300 g Schweinebauch, ohne Schwarte, in 1 cm große Würfel geschnitten
250 g Schweinehack
250 g geräucherter durchwachsener Speck, ohne Schwarte, in Scheiben geschnitten
3 Hühnerbrüste, ohne Haut und Knochen, in 5 x 2 cm große Streifen geschnitten
6 Gewürzgurken, der Länge nach geviertelt

1 Für die Marinade Sherry, Brandy, Knoblauch, 3 Lorbeerblätter, Estragon und Gewürze in einer großen nicht-metallischen Schüssel vermischen.

2 Hühnerleber, Schweinebauch und Hackfleisch dazugeben. Zugedeckt 24 Stunden im Kühlschrank marinieren, dabei gelegentlich umrühren. Die Lorbeerblätter entfernen.

3 Den Backofen auf 200 °C (Gas Stufe 6) vorheizen. Eine 23 x 12 cm große Terrinen- oder Kastenform einfetten und den Boden und die Seiten mit Speckstreifen auskleiden. Den Speck, falls nötig, mit einem Messerrücken strecken. Über den Rand der Form hängen lassen. Den restlichen Speck beiseite stellen.

4 Ein Drittel des marinierten Fleisches, gefolgt von einem Drittel der Marinade und dem Hühnerfleisch in die Form schichten. Wiederholen und anstelle des Hühnerfleisches die Gurken legen. Zum Schluss das restliche Fleisch und die Marinade in die Form geben.

5 Den Speck über die Pastete schlagen, die beiseite gestellten Speckscheiben darauf verteilen und die Pastete mit 6 Lorbeerblättern verzieren. Mit Alufolie abdecken. In ein Bratenblech mit kochendem Wasser stellen und 2 Stunden 15 Minuten garen. Mit Rosinen-Oregano-Brot servieren.

KOCHTIPP

Diese Pastete wird am Besten einige Tage im Voraus zubereitet.

FRANZÖSISCHES PICKNICK FÜR 6

PISSALADIÈRE

35 MINUTEN 1 STUNDE

ZUTATEN

375 g Blätterteig (s.S. 184)
2 EL Olivenöl
750 g Zwiebeln, in dünne Scheiben geschnitten
4 Knoblauchzehen, durchgepreßt
750 g frische Flaschentomaten, enthäutet, entkernt und grob gehackt
2 EL pürierte Tomaten
2 TL extrafeiner Zucker
2 EL fein gehackter, frischer Majoran, plus 10 Zweige zum Dekorieren
10 Anchovisfilets, der Länge nach halbiert
Salz und Pfeffer nach Geschmack
1 Eigelb
1 TL Milch
30 schwarze Oliven, entsteint

1 Für die Kruste den Teig zu einer runden Platte mit 32 cm Durchmesser ausrollen, dann einen 2 cm breiten Teigstreifen am äußeren Rand abschneiden. Den Streifen mit Wasser bestreichen und auf die 30 cm große Teigplatte legen, um so einen Rand aus einer doppelten Lage Teig zu erhalten.

2 Mit einem Messer rundherum auf dem Rand ein gitterartiges Muster einritzen. Den Teigboden überall mit einer Gabel einstechen und 30 Minuten in den Kühlschrank stellen.

3 In der Zwischenzeit die Füllung vorbereiten. Den Backofen auf 200 °C (Gas Stufe 6) vorheizen. Das Olivenöl in einem Topf erhitzen und Zwiebeln und Knoblauch darin zugedeckt 18 Minuten unter gelegentlichem Rühren weich dünsten. Tomaten, pürierte Tomaten, Zucker und gehackten Majoran dazugeben und unter gelegentlichem Rühren 5 Minuten bei mittlerer Temperatur garen, bis ein dickes Püree entstanden ist.

4 Die Zwiebelmischung auf den Teigboden streichen. Die Majoranzweige und die Anchovisfilets sternförmig auf der Füllung anordnen. Mit Salz und Pfeffer bestreuen und den Rand mit einer Eigelb-Milch-Mischung bestreichen.

5 Die Pissaladière 20–25 Minuten backen, bis der Teig an den Rändern aufgegangen ist. Aus dem Ofen nehmen und mit Oliven garnieren.

PISSALADIÈRE

SALADE NIÇOISE

20 MINUTEN 35 MINUTEN

ZUTATEN

24 kleine, neue Kartoffeln, ca. 500 g, abgebürstet
250 g grüne Bohnen
150 g frische Erbsen
3 Eier
500 g frischer Thunfisch oder Thunfisch aus der Dose
12 Anchovisfilets
6 Tomaten, in Spalten geschnitten
100 g schwarze Oliven, mit Stein
6 Frühlingszwiebeln, der Länge nach in dünne Streifen geschnitten
½ Gurke, in dünne Scheiben geschnitten
1 Fenchelknolle, in dünne Scheiben geschnitten
18 Radieschen
Grüne Salatblätter
Je 2 TL fein gehackte, frische Kräuter: Thymian, Oregano, Majoran, Minze
3 EL zerpflücktes, frisches Basilikum
175 ml Vinaigrette (s.S. 185)

1 In einem Topf mit kochendem Salzwasser die abgebürsteten Kartoffeln in ca. 15 Minuten weich kochen. Wenn sie kalt sind, halbieren.

Bohnen und Erbsen 2–3 Minuten in kochendem Wasser garen. Sofort unter kaltem Wasser abschrecken und abtropfen lassen.

2 Die Eier 9 Minuten in köchelndem Wasser kochen, bis das Eigelb fest ist. Unter kaltem Wasser abschrecken. Pellen und vierteln.

3 Wenn Sie frischen Thunfisch verwenden, heizen Sie den Grill auf mittlere Temperatur vor. Thunfisch in 1 cm dicke Scheiben schneiden, mit Olivenöl bepinseln und auf jeder Seite 2 Minuten grillen, bis er gerade gar ist. Unter dem Grill hervornehmen und zerteilen. Thunfisch aus der Dose gut abtropfen lassen und zerteilen.

4 Alle Zutaten in einer großen Schüssel anrichten. Kurz vor dem Essen die Vinaigrette darüber gießen, den Salat in der Schüssel schwenken und mit viel Baguette servieren.

KOCHTIPP

Die Eier werden am Besten erst kurz vor dem Servieren aufgeschnitten und zum Salat gegeben.

TARTE TATIN MIT QUITTEN

15 MINUTEN 2 STUNDEN

ZUTATEN

125 g Butter
125 g extrafeiner Zucker
1 kg Quitten, geschält oder Birnen, ungeschält
3 EL Brandy (wahlweise)
300 g süßer Mürbeteig, gekühlt (s.S. 184)
500 ml Sahne
1 EL Puderzucker, gesiebt
2 EL Brandy oder anderer Alkohol

KOCHTIPP

Wenn Sie das Teigrezept von Seite 184 benutzen, bereiten Sie die anderthalbfache Menge zu oder verdoppeln Sie das Rezept und frieren den Rest Teig ein.

1 Butter und Zucker in einer 23 cm großen, backofenfesten Pfanne bei mittlerer Temperatur erhitzen, bis die Mischung zu karamellisieren beginnt. Die Pfanne vom Herd nehmen.

2 Die Quitten vierteln, Kerngehäuse entfernen, dann jedes Viertel in drei Scheiben schneiden (Birnen vierteln).

3 Die Früchte mit der Innenseite nach oben sternförmig in der Pfanne anordnen. Bei niedriger Temperatur 1 Stunde 30 Minuten (40 Minuten für Birnen) weich dünsten, dabei die Pfanne gelegentlich rütteln. Den Brandy in einem kleinen Topf oder in einer Schöpfkelle erhitzen, anzünden und über die Früchte gießen.

4 Den Backofen auf 190 °C (Gas Stufe 5) vorheizen. Den Teig zu einer runden Platte ausrollen, die etwas größer als die Pfanne ist. Über die Pfanne legen und die Ränder in die Pfanne drücken.

Die Tarte Tatin 20 Minuten backen, bis der Teig blass goldgelb ist. 5–10 Minuten abkühlen lassen.

5 In der Zwischenzeit die Brandy-Sahne zubereiten. Sahne, Puderzucker und Brandy in eine große Rührschüssel geben und schlagen, bis weiche Spitzen stehen bleiben.

Die Tarte Tatin aus der Pfanne auf einen flachen Servierteller stürzen: Der Teig bildet nun den Boden, die Früchte den Belag. Mit der Brandy-Sahne servieren.

EXOTISCHE LECKERBISSEN FÜR 12

PIKANTES HUHN MIT PAPAYASALAT

40 MINUTEN — 50 MINUTEN — 2 STUNDEN ZUM DURCHZIEHEN

ZUTATEN

7 cm Ingwer, geschält und grob gehackt
4 Knoblauchzehen, geschält
2 rote Chillies, entkernt und grob gehackt
200 ml Kokosmilch
4 EL Olivenöl
24 Hühnerschenkel, ohne Knochen, mit Haut
2 EL gemahlener Koriander
3 EL gemahlener Kreuzkümmel
3 EL Kardamomkapseln, Samen zerdrückt
175 g frische Kokosnuss, gerieben und leicht geröstet
Saft und abgeriebene Schale von 3 unbehandelten Limetten
2 EL extrafeiner Zucker
300 ml Wasser
5 EL grob gehacktes, frisches Koriandergrün
150 ml scharf-süßes Dressing (s.S. 185)
4 reife Papayas, geschält und in dünne Scheiben geschnitten
6 Zucchini, in dünne Streifen geschnitten
1 Gurke, in dünne Scheiben geschnitten

1 In einem Mixer Ingwer, Knoblauch, Chillies und Kokosmilch zu einer glatten Gewürzpaste pürieren.

2 Öl in einer großen Pfanne erhitzen und die Hühnerschenkel darin portionsweise auf jeder Seite ca. 5 Minuten braten, bis sie gleichmäßig gebräunt sind. Aus der Pfanne nehmen und beiseite stellen.

3 Gemahlenen Koriander und Kreuzkümmel sowie die Kardamomsamen in die Pfanne geben und bei hoher Temperatur ca. 2 Minuten braten. Die Gewürzpaste unterrühren und weitere 2 Minuten garen. Hühnerschenkel, Kokosnuss, Limettensaft und -schale, Zucker und Wasser dazugeben. Zum Kochen bringen und alles zugedeckt vorsichtig 25 Minuten köcheln lassen. Zwei Esslöffel des frischen Koriandergrüns dazugeben und die Hühnerschenkel abkühlen lassen.

4 Für den Salat das scharf-süße Dressing über die Papaya-, Zucchini- und Gurkenscheiben gießen und wenigstens 2 Stunden durchziehen lassen. Den restlichen, frischen Koriander dazugeben und den Salat zum Huhn servieren.

PIKANTES HUHN MIT PAPAYASALAT

KOCHTIPPS

Das Huhn schmeckt auch warm sehr gut zum Salat. Sie können auch Mangos anstelle von Papayas verwenden.

PIKANTE LAMM-KEBABS

30 MINUTEN · 12 MINUTEN · 2 STUNDEN ZUM MARINIEREN

ZUTATEN

3 EL Sesamöl
2 EL gemahlener Kreuzkümmel
2 EL Austernsauce
3 EL Sherryessig
2 EL helle Sojasauce
3 EL trockener Sherry
3 Knoblauchzehen, durchgepreßt
6 milde, frische grüne Chillies (vorzugsweise Poblano oder Ancho), fein gehackt
2 EL gemahlener Kreuzkümmel
1 EL flüssiger Honig
1,5 kg Lammkeule, ohne Knochen, in Würfel geschnitten
Saft und Fruchtfleisch von 2 Kiwis
24 Metallspieße oder Holzspieße, die 1 Stunde eingeweicht wurden

1 Für die Marinade das Öl in einer Pfanne erhitzen. Kreuzkümmel dazugeben und in 2 Minuten leicht bräunen. Alle restlichen Zutaten (bis auf das Lammfleisch und die Kiwis) dazugeben, zum Kochen bringen und 5 Minuten köcheln lassen. Zum Abkühlen beiseite stellen.

2 Das Lammfleisch in eine große nichtmetallische Schüssel legen und Kiwisaft und -fruchtfleisch darüber geben. Die Marinade dazugeben. Zudecken und 2–8 Stunden im Kühlschrank marinieren, dabei das Fleisch gelegentlich wenden.

3 Den Grill auf hohe Temperatur vorheizen. Den Boden der Grillpfanne mit Alufolie auslegen.

4 Das Lammfleisch aus der Schüssel nehmen, die Marinade aufbewahren. Das Fleisch auf die Spieße stecken.

5 Das Fleisch mit der Marinade bestreichen und auf jeder Seite 6 Minuten grillen, bis es außen knusprig und innen noch rosa ist. Abkühlen lassen.

KOCHTIPP

Diese Kebabs können bis zu 3 Tage im Voraus zubereitet und im Kühlschrank aufbewahrt werden.

INDISCHER MILCHPUDDING

10 MINUTEN · 25 MINUTEN · 12 STUNDEN ZUM KÜHLEN

ZUTATEN

1,5 l Milch
500 g Risottoreis
850 ml Crème double
1 TL gemahlener Safran
12 Kardamomkapseln, Samen zerdrückt
1 EL gemahlener Koriander
3 Lorbeerblätter
400 g extrafeiner Zucker
3 Eier, leicht verschlagen
3 TL Vanille-Extrakt
1 TL gemahlene Muskatnuss
Crème fraîche zum Servieren

1 Milch, Reis, Crème double, Safran, Kardamomsamen, Koriander, Lorbeerblätter und die Hälfte des Zuckers in einem großen Topf mit schwerem Boden erhitzen. Zum Kochen bringen, dann 20 Minuten zugedeckt köcheln lassen, bis der Reis *al dente* ist. Vom Herd nehmen.

2 Die Lorbeerblätter entfernen. Eier und Vanille-Extrakt unter den Reis schlagen, bis die Mischung eindickt. In zwei rechteckige 23 x 13 cm Kastenformen füllen und am Besten über Nacht im Kühlschrank vollständig auskühlen lassen.

3 Den Grill auf hohe Temperatur stellen. Den restlichen, mit der Muskatnuss vermischten Zucker über den Nachtisch streuen und so dicht wie möglich unter dem Grill 2–5 Minuten überbacken, bis der Zucker karamellisiert.

Wenn der Pudding abgekühlt ist, in Scheiben schneiden und mit Crème fraîche servieren.

KOCHTIPPS

Die Zucker-Muskat-Mischung immer erst so kurz wie möglich vor dem Essen überbacken.

Dieser Pudding schmeckt auch warm vorzüglich: Nachdem er über Nacht fest geworden ist, wird er 15 Minuten bei mäßiger Temperatur langsam erwärmt, bevor er mit der Zucker-Muskat-Mischung überbacken wird.

Nachmittagstee und Morgenkaffee

In längst vergangenen Tagen kamen Freunde öfter auf einen Kaffee am Morgen oder einen Tee am Nachmittag vorbei. Heutzutage nehmen sich die meisten von uns nur die Zeit für einen schnellen Drink zwischen den Mahlzeiten. Es ist sicher an der Zeit, diese Sitte neu zu beleben, und sei es nur an Wochenenden, um mit der Familie und mit Freunden erneut köstliche scones, saftige Kuchen und belegte Brote zu genießen.

Alte Favoriten des Nachmittagstees wie lemon sponge, Shortbread und gebutterte crumpets aus dem Traditionellen-Tee-Menü (Seite 174) sollten auf feinem Porzellan serviert werden (rechts).

LÄNDLICH

»Wie lange dauert es, bis man

Rufen Sie Kindheitserinnerungen wach durch pastellfarbenes Porzellan mit Blumenmuster, federleichte Kuchen mit hübschen Glasuren, einem Krug mit Blumen und vielen Tassen belebenden Tees.

KRUG MIT BLUMEN
Blumen der Saison in einem cremefarbenen Krug sind sehr effektvoll.

GEZUCKERTE BLÜTENBLÄTTER

Dekorieren Sie mit Glasur versehene Kuchen mit gezuckerten, essbaren Rosenblütenblättern, die zum Geschirr passen.

1 Blütenblätter vorsichtig aus der Blüte lösen und beide Seiten mit leicht verschlagenem Eiweiß bestreichen.

2 Bevor das Eiweiß getrocknet ist, beide Seiten der Blütenblätter mit Hilfe eines kleinen Siebs mit extrafeinem Zucker bestreuen.

BLUMENTHEMA
Legen Sie die gezuckerten Blütenblätter zu einer Blume zusammen. Der grüne Blütenkelch dient nur Dekorationszwecken und sollte nicht gegessen werden.

SCHOKOLADENBLÄTTER

Verwandeln Sie einen mit Glasur versehenen Kuchen in einen Augenschmaus und verzieren Sie ihn mit einer Schleife und Schokoladenblättern.

1 Schokolade schmelzen, bis sie zähflüssig ist. Streichen Sie sie glatt auf eine Seite eines sauberen, festen Blattes.

2 Schokolade kühlen, bis sie fest ist, dann vorsichtig das Blatt abziehen. Wie unten gezeigt, zwischen Band und Schleife stecken.

VERZIERUNGEN
Binden Sie die doppelte Länge Seidenband zu einer prächtigen Schleife, um ein Paket zu erhalten.

abnimmt?, fragte Pu besorgt« A. A. Milne 1882–1956

Geschirr
Rufen Sie die Stimmung vergangener Tage durch zartes Porzellan mit Blumenmuster hervor.

Kuchen
Rosa und gelbe Blütenblätter auf einem lemon sponge *setzen ein Gartenthema fort.*

Spitzentischtuch
Spitze mit feinem Blumenmuster passt sehr gut zu traditionellem Porzellan.

GIRLANDEN

Frisch gestärktes Leinen mit Blumen und zartem

Girlanden aus Sommerblumen eignen sich perfekt für Gelegenheiten, an denen wir beeindrucken wollen, etwa bei einer Gartenparty oder einer Taufe.

Blumengirlande

Stellen Sie eine Girlande aus Blumen- und Blättersträußen her, welche mit Draht an dünnem Seil befestigt werden. Bereiten Sie zuerst kleine Sträuße vor; Sie benötigen etwa 25 Sträuße für jeden Meter der Girlande. Nehmen Sie sich genug Zeit: Diese Arbeit kann nicht nebenbei erledigt werden.

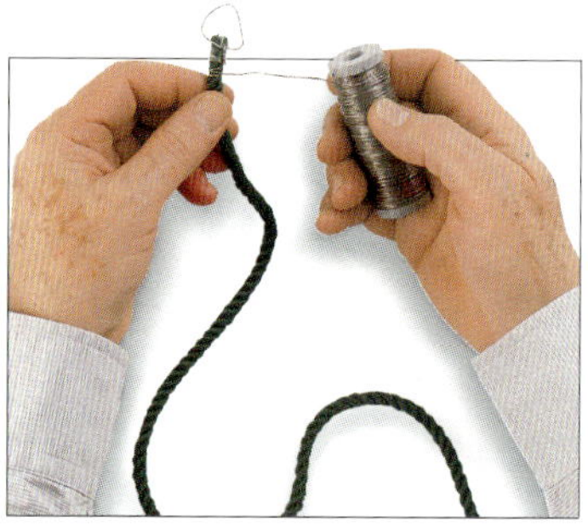

1 Machen Sie eine Schlaufe aus Blumendraht, an der die Girlande aufgehängt wird, und befestigen Sie sie gut am Ende des Seils.

Mit Draht am Seil befestigen

2 Befestigen Sie den ersten der Sträuße aus Blumen und Blättern mit Draht am Seil so, dass er die Schlaufe verdeckt.

Abschlussarbeiten
Verstecken Sie Draht hinter Blättern.

Serviettenfächer
Praktisch bei vielen Gästen: fächerförmig auf einem Teller ausgelegte Papierservietten.

WIEDERHOLEN & WANDELN
Verschönern Sie den Tisch mit zur Girlande passenden Blumen in einem silberfarbenen Balkonkasten.

Porzellan geschmückt

SAMOWAR
Verbinden Sie Praktisches mit großer Eleganz: Mieten Sie einen dekorativen Samowar für eine große Anzahl Gäste.

Wenigstens ein Stiel muss kräftig und 7 cm lang sein, damit er am Seil befestigt werden kann.

3 Legen Sie die Drahtrolle zurück, zwischen Strauß und Seil. Dadurch wird verhindert, dass der Strauß auseinander fällt.

Draht um das gesamte Stielende wickeln, um ihn zu befestigen.

4 Umwickeln Sie Seil und Stiele mit Draht. Befestigen Sie einen zweiten Strauß direkt hinter dem ersten und fahren Sie so fort.

GROSSE SCHLEIFE
Hängen Sie die Girlande mit Nägeln auf. Schmücken Sie alle Verbindungen mit einer Schleife.

Traditioneller Tee für 12

Kuchen mit Kaffee, Rum und Datteln

20 Minuten · 1 Stunde · 1 Stunde zum Einweichen 12 Stunden zum Durchziehen

Zutaten

200 ml kochendes Wasser
250 g getrocknete Datteln, entsteint und grob gehackt
2½ EL granulierter Instantkaffee
1 TL Natron
300 g extrafeiner Zucker
100 g weiche Butter
2 große Eier
175 g Mehl, gesiebt
2 TL gesiebtes Backpulver
1 Prise Salz
2 TL Vanille-Extrakt
3 EL dunkler Rum
1 kg Puderzucker
2 Eiweiß von großen Eiern
2 EL flüssige Glukose oder Maissirup

Kochtipp

Sie können den Kuchen auch am Ende von Schritt 4 mit Puderzucker bestäuben.

1 Die Hälfte des kochenden Wassers über die Datteln gießen. Kaffee und Natron unterrühren. 1 Stunde einweichen lassen, dann in der Küchenmaschine verarbeiten.

2 Den Backofen auf 180 °C (Gas Stufe 4) vorheizen. Eine quadratische, 20 cm große oder eine runde, 23 cm große Backform mit Backpapier auslegen, anschließend einfetten und mit Mehl bestäuben. 100 g des extrafeinen Zuckers und 75 g der Butter cremig schlagen. Zwei ganze Eier leicht verschlagen und dazugeben. Mehl, Backpulver, Salz und Dattelmischung unterheben. Den Teig in die Form füllen und 40 Minuten backen.

3 15 Minuten bevor der Kuchen fertig ist, für den Sirup den Vanille-Extrakt mit dem restlichen Wasser, dem restlichen Zucker und der restlichen Butter zum Kochen bringen. 15 Minuten köcheln lassen, dann den Rum unterrühren.

4 Den Kuchen in der Form lassen und mehrmals mit einem Spieß einstechen. Nach und nach den Sirup darüber gießen, bis er vom Kuchen aufgenommen ist. Den Kuchen abgedeckt über Nacht ruhen lassen, dann aus der Form nehmen.

5 Für den Überzug den Puderzucker nach und nach mit den zwei Eiweiß und der Glukose vermischen. 10 Minuten kneten und etwas mehr Puderzucker dazugeben, falls die Mischung klebrig ist. Den Überzug ausrollen, so dass er auf die Oberseite und die Seiten des Kuchens passt.

Victoria-Sandwich mit Zitronenmarmelade

20 Minuten · 40 Minuten · 1 Stunde Ruhezeit

Zutaten

250 g Mehl, gesiebt
4 TL gesiebtes Backpulver
375 g weiche Butter
250 g extrafeiner Zucker
4 große Eier
Saft und abgeriebene Schale von 1½ unbehandelten Zitronen
500 g Puderzucker, gesiebt
2 EL kochendes Wasser
4 EL Zitronenmarmelade
Gezuckerte Blütenblätter (s.S. 170) zum Dekorieren

1 Den Backofen auf 180 °C (Gas Stufe 4) vorheizen. Mehl, Backpulver, 250 g Butter, extrafeinen Zucker, Eier und Zitronenschale in einer großen Rührschüssel mischen. Schlagen, bis die Zutaten gut vermischt sind.

2 Die Teigmischung auf zwei gefettete und ausgelegte Springformen mit 20 cm Durchmesser verteilen. 30 Minuten backen, bis die Böden goldbraun sind. Die Kuchen 2 – 3 Minuten abkühlen lassen, anschließend auf ein Kuchengitter stürzen und vollständig auskühlen lassen.

3 Für die Glasur die restliche Butter in einem Topf zerlassen, vom Herd nehmen und Puderzucker, kochendes Wasser und zum Schluss Zitronensaft unter die Butter schlagen.

4 Einen Kuchen mit Zitronenmarmelade bestreichen und den anderen darauf setzen. Die Hälfte der Glasur auf der Oberfläche und den Seiten des Kuchens auftragen. 1 Stunde ruhen lassen. Die restliche Glasur in Drehbewegungen auf die Oberfläche und die Seiten streichen. Mit gezuckerten Blütenblättern dekorieren.

Crumpets

30 Minuten
40 Minuten
2 Stunden 30 Minuten zum Gehen

Zutaten

200 ml Milch
1 TL extrafeiner Zucker
2 TL Trockenhefe
2 EL Pflanzenöl
550 ml lauwarmes Wasser
500 g Mehl
2 TL Salz
1 TL Natron

1 Milch und Zucker in einem Topf erhitzen, bis der Zucker sich aufgelöst hat. Den Topf vom Herd nehmen und etwas abkühlen lassen. Hefe dazugeben und 10 Minuten stehen lassen, anschließend Öl und 400 ml lauwarmes Wasser dazugeben.

2 Mehl und Salz in eine Rührschüssel sieben. Nach und nach die Hefemischung unterrühren. Schlagen, bis der Teig glatt und elastisch ist.

3 Die Schüssel mit Klarsichtfolie und einem Geschirrtuch abdecken und 1½–2 Stunden an einem warmen Ort gehen lassen, bis der Teig aufgegangen ist und Blasen an der Oberfläche zu sehen sind.

Crumpets

4 Das Natron im restlichen Wasser auflösen. Den Teig abschlagen, so dass er zusammenfällt, dann das Natron dazugeben und den Teig abgedeckt weitere 30 Minuten stehen lassen.

5 Drei bis acht einfache Ringformen mit 8,5 cm Durchmesser einfetten und mit Mehl bestäuben. Bei niedriger Temperatur in eine Pfanne stellen. Jede Form drei Viertel mit Teig füllen und diesen 8 Minuten backen, bis die Oberfläche fest wird und Blasen zu sehen sind. Mit der Form wenden und 4 Minuten backen, bis die crumpets goldbraun sind.

6 Die crumpets auf ein Geschirrtuch, das über einem Kuchengitter liegt, drücken. Mit einem weiteren Geschirrtuch bedecken und warm halten. Den restlichen Teig ebenso abbacken. Das Gebäck warm mit Butter und Honig servieren.

Reichhaltiges Shortbread

15 Minuten 40 Minuten

Zutaten

220 g Mehl
90 g Reismehl
½ TL Salz
90 g extrafeiner Zucker
220 g Butter, in Stücke geschnitten
45 g Haselnüsse, grob gehackt und leicht geröstet
Puderzucker zum Bestäuben

1 Den Backofen auf 160 °C (Gas Stufe 3) vorheizen. Beide Mehlsorten und Salz in eine Rührschüssel sieben. Den extrafeinen Zucker unterrühren.

2 Die Butter zu den gesiebten Zutaten geben. Mit den Fingerspitzen die Butter in das Mehl reiben, bis alle Zutaten gut vermischt sind. Haselnüsse dazugeben, dann den Teig vorsichtig kneten. Den Teig in eine gefettete, flache quadratische Kuchenform drücken. Mit einem Messer den Teig bis zur Hälfte einschneiden, um 24 schmale Riegel zu markieren. Leicht mit einer Gabel einstechen.

3 Die Shortbreads in ca. 40 Minuten goldgelb backen. In der Form abkühlen lassen. In Riegel schneiden. Vor dem Servieren mit Puderzucker bestäuben.

TEE AM KAMIN FÜR 6

SCONES

25 MINUTEN 12 MINUTEN

ZUTATEN

250 g Mehl
1 EL Backpulver
45 g extrafeiner Zucker
90 g Butter, in Stücke geschnitten
60 g getrocknete Aprikosen, grob gehackt oder Sultaninen
1 großes Ei
90 ml Milch
Marmelade und Mascarpone zum Servieren

1 Den Backofen auf 220 °C (Gas Stufe 7) vorheizen. Mehl, Backpulver und Zucker in eine große Schüssel sieben. Die Butter dazugeben und mit den Fingerspitzen unterreiben, bis eine krümelige Masse entstanden ist. Aprikosen oder Sultaninen unterrühren.

2 Ei und Milch verschlagen. Zwei Esslöffel zum Bestreichen zurückbehalten, den Rest nach und nach zu der Mehl-Butter-Mischung geben, bis ein weicher Teig entstanden ist, der sich gerade eben vom Schüsselrand löst.

3 Den geschmeidigen Teig ca. 2 cm dick auf einer bemehlten Arbeitsfläche ausrollen.

4 Den Teig mit einer runden Ausstechform mit einem Durchmesser von 5 cm ausstechen. Die Scones auf eingefettete Backbleche legen und die Oberfläche mit der zurückbehaltenen Flüssigkeit bestreichen. 10–12 Minuten backen, bis sie goldbraun sind, dann auf ein Kuchengitter legen.

5 Noch warm servieren. Durchschneiden und mit Aprikosen- oder anderer Konfitüre bestreichen und mit Mascarpone essen.

KOCHTIPP

Scones können bis zu 6 Wochen eingefroren und dann aufgetaut und im Backofen erwärmt werden.

ANANASTORTE »TATIN«

20 MINUTEN 55 MINUTEN

ZUTATEN

185 g weiche Butter
185 g brauner Zucker
$\frac{1}{2}$ unbehandelte Limette, abgeriebene Schale und 1 EL Saft
5 EL Rum (nach Belieben)
7 Scheiben frische Ananas oder Ananas aus der Dose
125 g Rosinen
2 große Eier, leicht verschlagen
200 g Mehl
3 TL Backpulver
2 EL Milch

1 Den Backofen auf 180 °C (Gas Stufe 4) vorheizen. Für den Belag 60 g Butter mit 60 g braunem Zucker und dem Limettensaft in einem kleinen Topf bei mittlerer Hitze zerlassen. 3 EL Rum – falls verwendet – hinzufügen.

Die Mischung in eine runde Kuchenform mit 20 cm Durchmesser füllen. Die Ananasscheiben überlappend darauf legen und die Löcher in der Mitte der Scheiben und alle sonstigen Lücken mit der Hälfte der Rosinen füllen.

2 Für den Kuchenteig die restlichen Zutaten (außer den Rosinen) in eine große Rührschüssel geben und 2 Minuten verschlagen.

3 Die restlichen Rosinen unterheben. Den Kuchenteig über die Ananasscheiben füllen und die Oberfläche glatt streichen.

4 Die Torte ca. 50 Minuten backen, bis sie goldgelb ist. 5 Minuten zum Abkühlen in der Form lassen, dann auf ein Kuchengitter stürzen und abkühlen lassen.

KOCHTIPPS

Wenn Sie keinen Rum verwenden, geben Sie einen zusätzlichen Esslöffel Limettensaft an den Belag und 1–2 Esslöffel Milch an den Teig. Schneiden Sie die frische Ananas in 1 cm dicke Scheiben.

Brautjungfern

25 Minuten · 30 Minuten · 30 Minuten zum Kühlen

Zutaten

175 g Blätterteig (s. S. 184)
200 ml Crème fraîche
1 Ei, leicht verschlagen
15 g Butter, zerlassen
1 EL extrafeiner Zucker
Schale von ½ unbehandelten Zitrone
½ TL gemahlene Muskatnuss

1 Den Teig ausrollen. Mit einem 7,5 cm großen Ausstecher 12 runde Stücke ausstechen und diese in 12 Brötchenformen drücken. Die Teigböden leicht mit einer Gabel einstechen und 30 Minuten in den Kühlschrank stellen.

2 Den Backofen auf 190°C (Gas Stufe 5) vorheizen. In einer großen Schüssel die restlichen Zutaten (außer Muskatnuss) vermischen. Die Mischung in die gekühlten Teigböden füllen, anschließend mit Muskatnuss bestreuen.

3 Die Brautjungfern 25–30 Minuten backen, bis sie goldgelb sind. 2 Minuten stehen lassen, bevor sie zum Auskühlen auf ein Kuchengitter gestürzt werden.

Kochtipp

Geben Sie einen halben Teelöffel gemahlene Kardamomsamen unter die Füllung.

Brautjungfern

Ananastorte »Tatin«

KAFFEE UM ELF FÜR 6

SCHOKOLADENBROWNIES

20 MINUTEN 45 MINUTEN

ZUTATEN

3 EL Mehl
1 TL Backpulver
1 Prise Salz
2 EL Kakaopulver
175 g Zartbitterschokolade
75 g Butter
3 große Eier
250 g extrafeiner Zucker
1 TL Vanille-Extrakt
125 g Pekannüsse, leicht geröstet und grob gehackt
4 EL saure Sahne

1 Den Backofen auf 180°C (Gas Stufe 4) vorheizen. Mehl, Backpulver, Salz und Kakaopulver zusammensieben.

2 Die Schokolade in kleine Stücke brechen, dann mit der Butter in einer hitzebeständigen Schüssel über köchelndem Wasser oder in der Mikrowelle erhitzen, bis sie gerade geschmolzen ist (nicht überhitzen). Vorsichtig glatt rühren, jedoch nicht schlagen. Leicht abkühlen lassen.

3 Eier, Zucker und Vanille-Extrakt in einer Rührschüssel zu einer dicklichen Masse schlagen. Schokoladenmischung, Pekannüsse, saure Sahne und die gesiebten Zutaten unterheben.

4 Die Mischung in eine ausgekleidete, 23 cm große, quadratische Kuchenform füllen. Den Teig ca. 45 Minuten backen (außen ist er fest, innen noch etwas weich). 30 Minuten in der Form abkühlen lassen, dann auf ein Kuchengitter stürzen. Wenn die Brownies vollständig ausgekühlt sind, in 12 Quadrate schneiden.

KOCHTIPP

Wenn Sie es vorziehen, können Sie Walnüsse, Haselnüsse oder Mandeln anstelle der Pekannüsse verwenden.

BANANEN-WALNUSS-BROT

20 MINUTEN 1 STUNDE

ZUTATEN

250 g Mehl
3 TL Backpulver
½ TL Natron
1 Prise Salz
Saft von ½ Limette
250 g Bananen, gemust
90 g weiche Butter
125 g Zucker
2 große Eier, leicht verschlagen
3 EL Buttermilch oder Schmand
60 g Walnüsse, grob gehackt

1 Den Backofen auf 180 °C (Gas Stufe 4) vorheizen. Mehl, Backpulver, Natron und Salz zusammenmischen. Den Limettensaft über die gemusten Bananen träufeln.

2 Butter und Zucker in einer großen Rührschüssel cremig schlagen, dann die verschlagenen Eier und die Bananen mit dem Limettensaft dazugeben. Am Schluss vorsichtig die gesiebten Zutaten abwechselnd mit der Buttermilch oder dem Schmand und den gehackten Walnüssen unterheben, bis alle Zutaten gründlich vermischt sind.

3 Die Mischung in eine eingefettete, 23 x 13 cm große Kastenform füllen. 1 Stunde backen, bis das Brot aufgegangen und goldgelb ist. 5 Minuten in der Form lassen, dann zum Abkühlen auf ein Kuchengitter stürzen. Mit ungesalzener Butter servieren.

KOCHTIPP

Sie können gehackte Pekannüsse, Haselnüsse oder Mandeln anstelle der Walnüsse verwenden.

WÜRZIGER APFELKUCHEN

40 MINUTEN 55 MINUTEN

ZUTATEN

475 g Zucker
125 g Butter, zerlassen
100 g Pekannüsse, grob gehackt
1 TL gemahlene Nelken
625 g grüne Kochäpfel
5 EL Wasser
3 große Eier
2 TL Vanille-Extrakt
275 g Mehl, gesiebt
2 TL gesiebtes Backpulver
1 TL gemahlener Zimt
1 Prise Salz
75 g getrocknete Äpfel oder getrocknete Birnen, grob gehackt

1 Den Backofen auf 190 °C (Gas Stufe 5) vorheizen. Zuerst die Kruste vorbereiten. 150 g Zucker, 75 g Butter, Pekannüsse und 1/2 Teelöffel der gemahlenen Nelken vermischen. Beiseite stellen.

2 Als nächstes das Apfelpüree zubereiten: Die Kochäpfel schälen, die Kerngehäuse entfernen und die Äpfel in Stücke schneiden. Mit dem Wasser in einen Topf geben und zugedeckt 8 Minuten weich dünsten. Im Mixer pürieren.

3 Eier und Vanille-Extrakt in einer großen Rührschüssel cremig schlagen, dann den restlichen Zucker dazugeben. Mehl, Backpulver, Zimt, Salz und restliche Nelken unterheben, dann das Apfelpüree und die getrockneten Äpfel oder Birnen.

4 Die Mischung in eine ausgekleidete und gefettete Springform füllen. 15 Minuten backen, dann aus dem Ofen nehmen und die Mischung für die Kruste darauf verteilen. Den Kuchen in den Ofen zurückschieben und weitere 25–30 Minuten backen. In der Form vollständig auskühlen lassen.

KOCHTIPP

Wenn die Zeit drängt, können Sie 250 ml gekauftes Apfelmus verwenden, anstatt das Püree selbst zuzubereiten (Schritt 2).

GARTEN-TEEPARTY FÜR 12

BRANDY SNAPS

20 MINUTEN 16 MINUTEN

ZUTATEN

60 g Butter
4 EL extrafeiner Zucker
4 EL Zuckerrübensirup
1 EL Brandy (nach Belieben)
4 EL gesiebtes Mehl
1 TL gemahlener Ingwer
Brandysahne (s.S. 163, Schritt 5)

1 Den Backofen auf 180 °C (Gas Stufe 4) vorheizen. Butter, Zucker, Zuckerrübensirup und Brandy – falls verwendet – zusammen in einem kleinen Topf erhitzen, bis die Butter zerlassen ist und sich der Zucker aufgelöst hat. Vom Herd nehmen und Mehl und Ingwer unterrühren. Bei sehr niedriger Temperatur warm halten.

2 Zwei Backbleche mit Backpapier auslegen. Auf jedes Blech drei Teelöffel der Mischung ca. 12 cm auseinander setzen und zu runden Teigplatten mit 10 cm Durchmesser verstreichen.

3 In 7– 8 Minuten goldgelb backen. 1 Minute abkühlen lassen, dann jeden Keks um den eingeölten Stiel eines Holzlöffels wickeln. Sollten die Kekse zu hart zum Rollen sein, kurz noch einmal zum weich werden in den Ofen schieben. Vom Löffelstiel abnehmen und zum Auskühlen auf ein Kuchengitter legen. Weiter in derselben Art Kekse herstellen, bis aller Teig aufgebraucht ist.

4 Die Brandysahne herstellen. Die Sahne in jedes Ende der ausgekühlten Brandy-Snap-Rollen spritzen.

KOCHTIPP

Die Mischung ergibt auch sechs Ingwerkörbchen. Backen Sie sechs große Kekse in der beschriebenen Art und legen Sie sie über eine umgedrehte Tasse, so dass sich gewellte Körbchen ergeben.

NUSSIGE SCHOKOLADENKEKSE

25 MINUTEN 10 MINUTEN

ZUTATEN

200 g Zartbitterschokolade
4 Eiweiß von großen Eiern
200 g extrafeiner Zucker
2 TL Vanille-Extrakt
1 TL Weißweinessig
200 g Pekannüsse, grob gehackt und leicht geröstet

KOCHTIPP

Diese Schokoladenkekse bleiben, in einem luftdichten Behälter aufbewahrt, mindestens 1 Woche frisch. Sie können Walnüsse, Mandeln oder Haselnüsse anstelle der Pekannüsse verwenden.

1 Den Backofen auf 190 °C (Gas Stufe 5) vorheizen. Die Schokolade in kleine Stücke zerbrechen und in einer hitzebeständigen Schüssel über köchelndem Wasser oder in der Mikrowelle erhitzen. Die Schokolade beim Schmelzen vorsichtig rühren. Etwas abkühlen lassen.

2 Eiweiß in einer großen Schüssel schlagen, bis weiche Spitzen stehen bleiben. Nach und nach den Zucker hinzufügen, dabei jedes Mal schlagen, bis die Spitzen fest sind.

3 Erst Vanille-Extrakt und Essig, anschließend geschmolzene Schokolade und Pekannüsse unterheben.

4 Zwei Backbleche mit Backpapier auslegen und auf jedes Blech zwölf gehäufte Esslöffel Teig 7 cm auseinander setzen. Den Teig etwas herunter drücken, so dass sich 6 cm große Scheiben ergeben.

5 Die nussigen Schokoladenkekse 10 Minuten backen (sie sollten noch etwas klebrig sein). 1 Minute auf dem Backblech ruhen lassen, dann zum vollständigen Abkühlen auf ein Kuchengitter legen.

FRÜCHTEKUCHEN

25 MINUTEN · 1 STUNDE 30 MINUTEN · 2 STUNDEN ZUM ABKÜHLEN

ZUTATEN

125 g Butter
175 g Zucker
375 g Rosinen
250 g Sultaninen
4 Earl-Grey-Teebeutel
250 ml Wasser
Saft und abgeriebene Schale von 2 unbehandelten Limetten
1 TL Natron
250 g Mehl
1 TL Backpulver
1 TL gemahlene Nelken
1 TL gemahlene Muskatnuss
1 Prise Salz
2 große Eier, leicht verschlagen
60 g ganze geschälte Mandeln

1 Butter, Zucker, Rosinen, Sultaninen, Teebeutel, Wasser, Limettensaft und -schale und Natron in einem Topf erhitzen. Zum Kochen bringen und 5 Minuten köcheln lassen. Die Teebeutel vorsichtig über der Flüssigkeit ausdrücken, um das Aroma freizusetzen.

2 Die Mischung ca. 2 Stunden abkühlen lassen. Teebeutel entfernen.

3 Den Backofen auf 180 °C (Gas Stufe 4) vorheizen. Mehl, Backpulver, Nelken, Muskatnuss und Salz in eine große Rührschüssel sieben. Erst die Eier, dann die Fruchtmischung hinzufügen. Alles gut verrühren.

4 Ein runde Kuchenform mit 20 cm Durchmesser auslegen und einfetten. Den Teig einfüllen. Mandeln auf dem Kuchen zu einem Muster auslegen.

5 1¼ – 1½ Stunden backen, bis der Kuchen goldbraun ist. Den Kuchen 10 Minuten in der Form lassen, dann zum Auskühlen auf ein Kuchengitter legen.

KOCHTIPP

Der Kuchen hält sich bis zu 3 Wochen sehr gut in einem luftdichten Behälter.

NUSSIGE SCHOKOLADEN-KEKSE

FRÜCHTE-KUCHEN

BEILAGEN

FÜR 12 PERSONEN

FOCACCIA

1 Paket Trockenhefe
2 TL Salz
1 kg Mehl
8 EL Olivenöl
450 ml lauwarmes Wasser
1 EL grobes Meersalz
2 EL fein gehackter, frischer Salbei

Hefe, Salz, 500 g des Mehls, drei Esslöffel des Olivenöls und ca. 200 ml Wasser in einer großen Schüssel mischen. Nach und nach das restliche Mehl und so viel Wasser unterarbeiten, dass ein weicher, jedoch nicht klebriger Teig entsteht.

Den Teig auf einer bemehlten Arbeitsfläche 15 Minuten kneten, bis er glatt und elastisch ist. In einen großen, eingeölten Gefrierbeutel geben und bei warmer Zimmertemperatur 1½ – 2 Stunden gehen lassen.

Den aufgegangenen Teig abschlagen und zu einem flachen, ca. 1 cm dicken Rechteck formen. Den Teig auf ein leicht eingeöltes Backblech legen, mit Klarsichtfolie bedecken und noch einmal 45 Minuten gehen lassen. Den Backofen auf 230 °C (Gas Stufe 8) vorheizen.

Nach dem zweiten Gehen mit den Fingerspitzen Vertiefungen in den Teig drücken und mit einer Mischung aus dem restlichen Olivenöl und zwei Esslöffeln lauwarmem Wasser bestreichen. Die Mischung läuft in die Vertiefungen. Das Focaccia mit grobem Meersalz und Salbei bestreuen und 20 – 25 Minuten backen.

SALAT AUS NEUEN KARTOFFELN

1½ kg kleine, neue Kartoffeln
1 EL Rotweinessig
2 EL körniger Senf
2 EL fein gehackter, frischer Dill
Salz und Pfeffer nach Geschmack
7 EL Olivenöl
1 Knoblauchzehe, halbiert

Die Kartoffeln in einem großen Topf mit leicht kochendem Salzwasser gar, aber nicht zu weich kochen. Die Garzeit hängt von der verwendeten Kartoffelsorte ab. Sofort abgießen und sobald wie möglich in mitteldicke Scheiben schneiden.

Essig, Senf, Dill und Gewürze in einer kleinen Schüssel vermischen, dann das Öl tropfenweise hinzufügen, dabei ständig schlagen, bis eine Emulsion entstanden ist. Eine Servierschüssel mit den Schnittflächen der Knoblauchzehe ausreiben, die warmen Kartoffeln hineingeben und das Dressing darüber träufeln.

KRÄUTERKARTOFFELN

3 EL Olivenöl
1,5 kg neue Kartoffeln, halbiert
4 Knoblauchzehen, durchgepreßt
Je 2 EL fein gehackter, frischer Majoran und frische Thymianblättchen
2 Lorbeerblätter, zerpflückt
Salz nach Geschmack
Gemüsefond (s.S. 185)

Das Öl in einem großen Topf erhitzen, Kartoffeln und Knoblauch dazugeben und sautieren, bis die Kartoffeln gerade zu bräunen anfangen. Thymian, Majoran, Lorbeerblätter, Salz und soviel Gemüsefond, dass die Kartoffeln zur Hälfte bedeckt sind, hinzufügen. Ohne Deckel 30 Minuten leicht köcheln lassen, bis fast kein Fond mehr im Topf ist.

Vom Herd nehmen und die Kartoffeln hacken, dabei die restliche Flüssigkeit aus dem Topf mit unterhacken, bis die Kräuterkartoffeln die Konsistenz eines groben Muses haben.

KOCHTIPPS

Es kann erforderlich sein, die Kartoffeln nach dem Hacken noch einmal abzuschmecken. Halbieren Sie das Rezept für 6 Personen oder kochen Sie in mehreren Portionen, wenn Sie eine größere Anzahl Gäste bewirten.

GEBACKENE LORBEERKARTOFFELN

12 zum Backen geeignete Kartoffeln, abgebürstet
1 EL Olivenöl
1 TL Salz
12 Lorbeerblätter, quer halbiert

Den Backofen auf 200 °C (Gas Stufe 6) vorheizen. In jede Kartoffel zwei tiefe Schnitte machen. Jede Kartoffel mit Öl einreiben und die halben Lorbeerblätter in die Einschnitte stecken.

Die Kartoffeln auf ein Backblech legen, mit Salz bestreuen und ca. 1 Stunde backen, oder bis sie braun und gar sind (die Garzeit richtet sich nach der Größe der Kartoffeln – testen Sie sie also mit einem Spieß).

KOCHTIPP

Gute, rote Kartoffeln schmecken, auf diese Weise zubereitet, hervorragend.

GEBACKENE SCHALOTTEN

36 Schalotten, geschält
60 g Butter
2 TL Zucker

Schalotten, Butter und Zucker in eine schwere Bratpfanne (mit Deckel) geben. Bei mäßiger Temperatur dünsten, dabei gelegentlich die Pfanne rütteln, bis die Schalotten Farbe annehmen. Die Temperatur so weit wie möglich herunterschalten und die Schalotten mit aufgelegtem Deckel 30 Minuten garen, bis sie nussbraun und gar sind.

KARAMELLISIERTER CHICORÉE

125 g Butter
12 Chicoréestauden, halbiert
Saft und abgeriebene Schale von 2 unbehandelten Zitronen

Den Backofen auf 180 °C (Gas Stufe 5) vorheizen. Die Butter in einer Pfanne erhitzen, Chicorée dazugeben und rundherum etwas anbräunen. Vom Herd nehmen und in einer einzelnen Lage in eine flache Backform mit Deckel legen. Falls nötig, zwei Gefäße nehmen. Den Zitronensaft darüber gießen und mit der Zitronenschale bestreuen.

Den Chicorée zugedeckt 1 Stunde schmoren, den Deckel abnehmen und den Chicorée weitere 20 Minuten backen, oder bis er braun und karamellisiert ist. Pro Portion zwei Hälften servieren.

SELLERIE-REMOULADE

650 g Knollensellerie, geschält
Saft und abgeriebene Schale von 1 unbehandelten Zitrone
6 EL Mayonnaise (s.S. 147)
3 EL Dijon-Senf
½ TL gemahlenes Chilipulver
Salz nach Geschmack

Sellerie grob reiben und sofort mit dem Zitronensaft mischen. Die restlichen Zutaten dazugeben und alles kräftig rühren, um sicherzustellen, dass der Sellerie gut mit Mayonnaise überzogen ist.

KOCHTIPP

Dieses Rezept schmeckt auch gut, wenn die Hälfte des Selleries durch frische Möhren ersetzt wird. Die Mengenangaben im Verhältnis verdoppeln oder halbieren.

COUSCOUS

2 EL Sesamöl
4 TL gemahlener Koriander
4 TL gemahlene Kurkuma
1 l Wasser
125 g Sultaninen
Salz nach Geschmack
750 g Couscous
125 g Butter

Öl, Koriander und Kurkuma in einem Topf erhitzen und braten, bis die Gewürze braun werden. Wasser, Sultaninen und Salz hinzufügen und zum Kochen bringen.

Vom Herd nehmen und Couscous unter ständigem Rühren einrieseln lassen. Den Deckel auflegen und den Couscous 10 Minuten quellen lassen. Butter hinzufügen und den Couscous bei niedriger Temperatur 5 Minuten unter ständigem Rühren garen. Couscous kann bei niedriger Temperatur zugedeckt bis zu 2 Stunden im Ofen warm gehalten werden. Vor dem Servieren mit einer Gabel auflockern.

SAFRANREIS

750 g Basmatireis
60 g Butter
1 EL Olivenöl
3 Knoblauchzehen, mit Schale, zerdrückt mit der flachen Seite eines Messers
660 ml Hühnerfond (s.S. 185) oder Wasser
1 TL Safranfäden, zerdrückt
3 TL Salz

Reis in einem Sieb unter fließendem Wasser waschen, bis das Wasser klar abläuft.

Butter, Öl und Knoblauch bei mittlerer Temperatur in einem großen Topf erhitzen. Wenn die Butter zerlassen ist, den Reis dazugeben und rühren, bis er gut mit Öl und Butter überzogen ist. Hühnerfond, Safran und Salz dazugeben, alles gut verrühren und zum Kochen bringen. Die Temperatur herunterschalten und den Reis zugedeckt 8 Minuten garen. Vom Herd nehmen, den Knoblauch entfernen und den Reis vor dem Servieren 3 Minuten mit aufgelegtem Deckel ruhen lassen.

REZEPTVERZEICHNIS

FRÜHSTÜCK

BROTE & KUCHEN

VORSPEISEN

HAUPTGERICHTE

DESSERTS

COCKTAILHÄPPCHEN

REGISTER

DANKSAGUNG

Danksagung des Autors

Es hat Freude bereitet, an diesem Buch zu arbeiten. An erster Stelle möchte ich den Fotografen Martin Brigdale und Stephen Hayward für ihre erstklassigen Fotos danken: Martin für die Gerichte und Stephen für die Blumen und die gedeckten Tische. Mein Dank geht ebenfalls an das wunderbare Dorling Kindersley-Team unter redaktioneller Leitung von Lesley (mampf) Malkin und Designer Murdo (mampf, mampf) Culver.

Vielen Dank auch an Helen Trent, die mit ihren magischen Augen (und den seltsamen, gelegentlichen Niesern) so viel schönes Geschirr, Gläser, Besteck und Tischwäsche erspäht hat. Janey Suthering und Janice Murfitt haben erstklassige Arbeit geleistet, als sie alle Speisen für die Fototermine zubereitet haben – Mittags die Reste zu essen, war ein besonderer Bonus!

Dennis, Lee und David von John Austin, New Covent Garden Market, waren unschätzbare Hilfen, besonders beim Aufspüren der vielen Blumen, die gerade nicht in Saison waren. Mein Dank geht auch an Terracottas, ebenfalls New Covent Garden, die mir besondere Behältnisse ausgeliehen haben. Am Schluss – und doch am wichtigsten – möchte ich Rodney »Cocktails« Engen für seine konstruktive Hilfe bei diesem Buch danken und dafür, dass er ein Jahr lang zusammen mit vielen meiner Freunde Versuchskaninchen spielte, als ich all die Rezepte ausprobierte.

Danksagung des Verlags

Dorling Kindersley dankt Anna Cheifetz und Polly Boyd für redaktionelle Unterstützung, vor allem bei den Rezepten, und ebenso Susie Behar und Richard Hammond. Für zusätzliche Hilfe bei der Gestaltung geht der Dank an Pauline Clarke, Sharon Moore und Deborah Myatt. Der Verlag möchte auch Emma Patmore dafür danken, dass sie die Rezepte mit der Ausnahme derjenigen in den Kapiteln zum Frühstück, Mittagessen und Nachmittagstee & Morgenkaffee testete; vielen Dank an Jill Eggleton, die diese ausprobierte. Dank geht auch an Mark Bracey für Unterstützung beim DTP und an Hilary Bird, die den englischen Index zusammenstellte.

Bildnachweis

Bis auf wenige Ausnahmen hat Martin Brigdale alle Gerichte fotografiert und Stephen Hayward alle anderen Bilder. Ausnahmen: Alan Williams 29 oM; Dave King 41 or, 60 ul, 91 ur, 114 or, 145 ol; David Murray 58 Ml, 96 or, 114 ul; Ian O'Leary 83 Ml, 145 oM, 175 oM; Jacqui Hurst 77 oM; Joe Cornish 49 or; John Glover 175 or; Martin Norris 56 or; Matthew Ward 79 ol; Max Alexander 145 or; Philip Dowell 147 ur, 153 ur, 166 or, 182 Ml; Steven Wooster 71 oM, 77 or, 79 or, 159 or, 171 oM.

o = oben, M = Mitte, u = unten, r = rechts, l = links

Die aufgeführten Firmen überliessen uns freundlicherweise Requisiten für die Fotos

Divertimenti
44 Fulham Road
London SW3 6HH

Für Schüsseln, Pastaschüsseln und Teller, die auf den Seiten, 22–23, 27, 28–29, 139 und 140–141 verwendet wurden.

Thomas Goode & CO
(London) Ltd
19 South Audley Street
London W1Y 6BN

Für Schüsseln, Teller, Besteck, Gläser und Sets, die auf den Seiten 63–65, 105 und 106–197 verwendet wurden.

Villeroy & Boch
267 Merton Road
London SW 19 5JS

Für Gläser, Besteck und Teller, die auf den Seiten 110–111 verwendet wurden.